股权激励实操指南

操作流程·实务要点·案例解析

袁　琴
臧建国
时　雁
著

化学工业出版社

·北京·

U0319637

内 容 简 介

本书立足于企业股权激励设计与操作中存在的问题，结合作者在股权治理领域丰富的实践经验，采取"操作流程+实务要点+案例解析"的框架思路，全面阐述企业股权激励制度的操作实务与执行要点，涵盖股权架构与公司治理、股权激励的模式路径、股权激励的操作流程、股票期权激励操作要点、员工持股计划实操指南、合伙人制度操作实务、退出机制及税务筹划等重点内容，并附有大量案例、范本与图表等，致力于为企业管理者实施股权激励方案提供系统化、规范化的操作指导。

本书旨在为读者学习股权激励知识、用好股权激励手段、提升股权设计能力、保障公司稳健发展提供理论指导、实践经验和案例参考，适合中小企业家、有志于创业的人士、公司的合伙人和管理者、股权咨询服务的从业者以及对股权知识感兴趣的读者阅读。

图书在版编目（CIP）数据

股权激励实操指南：操作流程·实务要点·案例解

析/袁琴，臧建国，时雁著.--北京：化学工业出版

社，2025.3.--ISBN 978-7-122-47103-1

Ⅰ.F272.923

中国国家版本馆 CIP 数据核字第 2025ZZ1502 号

责任编辑：夏明慧　　　　　　　　　文字编辑：史燕妮　杨振美

责任校对：杜杏然　　　　　　　　　封面设计：卓义云天

出版发行：化学工业出版社 (北京市东城区青年湖南街 13 号　邮政编码 100011)

印　　装：三河市双峰印刷装订有限公司

710mm×1000mm　1/16　印张 14　字数 195 千字　2025 年 5 月北京第 1 版第 1 次印刷

购书咨询：010-64518888　　　　　　售后服务：010-64518899

网　　址：http://www.cip.com.cn

凡购买本书，如有缺损质量问题，本社销售中心负责调换。

定　　价：79.00 元　　　　　　　　　　　　　　　　版权所有　违者必究

　　股权激励作为舶来品，虽然早在 20 世纪末便被引入国内，但真正被大众所熟知主要是由于阿里、腾讯、小米等互联网大厂打造的"财富神话"。比如，2018 年 7 月小米在港交所上市，近三成员工分到期权，"期权崇拜"成为互联网时代的产物之一，股权激励也成为企业招揽人才的重要法宝。

　　如今，商业形势云谲波诡，市场竞争日益激烈，企业的管理手段和运营策略也需要不断优化和创新。股权激励作为一种重要的管理工具，无疑有助于提升企业的竞争力、推动企业的可持续发展、帮助企业吸引和留住优秀人才。华为创始人任正非曾说："我们是储备人才，不储备美元。"足见人才要素对于企业发展的重要意义。而随着国内产业数字化转型的推进，人才对于企业发展的作用正不断增强，这也启示企业在发展过程中除了要关注资本，更要聚焦人才，充分发挥人才的作用。

　　股权激励是一项能够有效提升员工积极性、激发企业内生动力的管理手段，在过去数十年间已经反复地被应用于我国的企业管理实践，可以说，只要一个企业对于自身发展有着较高的战略期望，那么其必然要对股权激励问题进行思考。换言之，股权激励已成为许多企业发展道路上绕不开的关口，能否用好股权激励决定着企业在市场竞争中所能达到的高度。

　　股权激励有助于激发员工的积极性和创造力，对于高素质人才而言，股权激励能够将其个人利益与企业的长远发展捆绑在一起，因此，其对于工作的责任感和对于企业的归属感会大大增强，而这种内在驱动力的提升能够有效提升企业的竞争力。股权激励也有助于改善企业的治理结构，股东的多元化意味着企业的决策方式会更加民主、科学、合理。股权激励还有助于打造良好的企业文化，当有更多成员的工作是以企业的战略目标为导向时，企业中的工作氛围必将更加和谐团结、积极向上。

然而，同其他诸多管理工具一样，股权激励并不是万能的，而且企业在实施股权激励的过程中会面临重重困难。不管是上市企业，还是非上市企业，在应用股权激励工具的过程中，均需要基于政策法规、市场环境、企业的发展阶段等情况来解决股份来源、绩效考核、税收以及行权价格的确定等诸多问题。对于非上市企业来说，在股权激励的实操过程中遇到的问题会更加复杂，也更具有挑战性。

从政策层面来看，上市企业的股权激励基本是有章可循的，但非上市企业的股权激励不仅没有完善的政策法规可以依据，而且相关政策在不同区域的落地细节也有差别。从成本层面来看，股权激励可能会给企业带来较大的成本压力。很多企业的管理者对于股权激励的认知存在一个共同的误区，即认为股权激励能够以股权代替资金给予员工奖励，因此可以有效减轻企业的财务压力。实际上，对于非上市企业而言，股权激励给企业带来的成本压力是隐性的，虽然在短期内股权激励可以减轻企业的现金流压力，但当企业准备上市时，这部分用于激励的股权可能会影响企业的营收及利润，进而阻碍上市流程的推进。再从认知层面来看，"一夜暴富"的故事已成过去式了，"期权崇拜"也正在被打破，企业能否上市、何时上市、上市后的行情如何、股权退出是否具有可预期的路径等均具有一定的不确定性，股权激励的吸引力可能也不够大。

要应对上述诸多问题，使股权激励发挥出应有的作用，企业首先需要立足本身、厘清业务。当股权造富神话破灭，员工的职业选择会更加理性，更关注企业本身的价值。企业只有厘清业务，才能制订出清晰的发展规划，推动业绩的持续增长，吸引更多优秀人才。当企业推行股权激励计划时，需要绘制精确的"激励画像"，确保"好钢用在刀刃上"，使有限的股权能够真正用于激励对企业成长至关重要的核心人才。在此基础上，企业还应该完善股权退出机制，因为良好的股权退出机制不仅有助于企业最大限度地发挥股权的激励作用，也能够帮助企业有效规避股权纠纷，为企业上市提供强有力的保障。

"道阻且长，行则将至；行而不辍，未来可期"。近年来，随着科技的不断进步、资本市场的逐渐成熟以及我国股权激励制度的日益完善，股权激励在国内企业中的应用已经进入创新发展阶段。而对中高层管理者、创业者而言，全方位、一站式的股权激励方案能够帮助企业构建"凝聚人心、利益共享、风险共担"的管理机制，提升员工积极性与企业绩效，实现企业与员工的共赢。本书旨在为读者学习股权激励知识、用好股权激励手段、提升股权设计能力、保障公司稳健发展提供理论指导、实践经验和案例参考，适合中小企业家、有志于创业的人士、公司的合伙人和管理者、股权咨询服务从业者以及对股权知识感兴趣的读者阅读。

著者

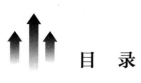

目 录

第5章 员工持股计划实操指南 // 131

第 1 章

股权架构与
公司治理

1.1 企业股权结构类型与设计要点

1.1.1 企业股权设计的基本概念

股权即股东权利，指的是股东在法律和公司章程允许范围内，基于其股东资格所享有的自益权和共益权。从本质上来看，股权是法人财产权的内核，股权架构体现了公司内部股东的权益关系，能够决定公司内部权利的分配和控制，影响公司的所有权和股东的核心利益。

（1）企业股权的主要特征

股权是股东基于其出资比例在法律上对公司所享有的权利，股权内容具有综合性，主要包含自益权和共益权。具体来说，自益权是股东专为自身利益而行使的权利，主要指股利（股息、红利）分配请求权、新股优先认购权、剩余财产分配请求权、股权转让权等财产性权利和目的性权利；共益权是股东在兼顾公司整体利益的同时也为自身利益而行使的权利，通常包含表决权、文件资料查阅权、召开临时股东会请求权、对高管的监督权等涉及经营管理的非财产性权利和手段性权利。

此外，股权是一项社员权。公司是一种法人组织，股东既掌握着一定的公司股权，也是社团法人中的一员，可享有社员权。社员权是社员独有的权利，具有财产属性和身份属性。

综上可以总结出，企业股权具有以下主要特征，如图 1-1 所示。

①主体特定。并不是所有人都能够享有企业股权，企业股权的所有者应该是特定的，企业股权由企业股东特定享有。

②产生方式特定。企业股权的获取方式具有多样化的特点，可以通过继承、转让、设立等方式取得。需要注意的是，不管采取何种获取方式，均需

要遵循相关法律的规定。

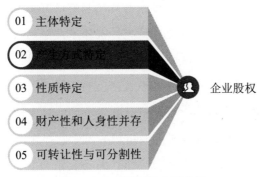

图 1-1　企业股权的主要特征

③性质特定。从前文对股权的分析中可以看出，股权不仅是一种财产权利，也与拥有者的身份相关，股权的所有者享有特定的权利，并需要履行特定的义务。

④财产性和人身性并存。股权产生的根本原因是股东的出资行为，因此财产性是股权的最根本属性。此外，股权是股东所有的，因此人身性也是股权的根本属性，前文所提到的自益权和共益权均是股权人身性的体现。

⑤可转让性与可分割性。股东对自己所持有的股权既可以进行部分或全部的转让，也可以进行分割。

（2）股权设计的基本概念

股权设计是公司组织的顶层架构设计，也是基于股东权利比例系统性调整股东会职权、董事会职权、议事规则、议事程序时形成的公司股权结构体系。

公司股权结构体系影响着创始人、合伙人、投资人和员工的权责及利益，良好的公司股权结构体系既能够有效平衡各方关系，保障公司控制权和经营的稳定性，也有助于公司获得更多融资。

①股权比例设计的原则。在股权比例（简称股比）配置方面，应坚持以下几项原则：

● 科学合理安排股比，创始人应充分掌握控制权，核心创始人股权应占较大比例，确保公司管理的稳定性和一致性。

● 适当控制股比分配，每个股东的股比应有明显差异，避免出现股权平均分配、股比设置碎片化等情况，确保有足够的决策权和明确的责任归属。

● 通过股比设置提高小股东的积极性，为小股东提供能有效激发其积极性的股权份额，保障小股东的利益。

● 从行业特点出发，综合考虑多项相关因素进行股比分配。

● 根据公司治理体系进行股比安排，并由股东大会、董事会、监事会和高级管理层共同确定权利边界。

②股权比例设计的方式。企业应确保股权比例设置科学合理，降低与股比相关的股东纠纷风险，防止因股比问题对经营发展造成负面影响。具体来看，股权比例设计的方式如表 1-1 所示。

表 1-1　股权比例设计的方式

设计方式	具体做法
贡献评比法	企业需要广泛采集股东出资额、股东能力、股东资源等信息，并对这些信息进行全方位分析，根据分析结果和发展需求进一步评估股东对企业的贡献情况
牵头人决定法	企业的创始人需要充分发挥自身的统筹能力，在确保自身处于强势地位且各方接受度较高的情况下平衡各方股比
互相打分法	企业需要从股东中选出一个相对重要的主要股东，评估其贡献率，赋予其最高分，并安排其他股东互相打出不高于最高分的分值，对每个股东的分值进行平均计算，用平均结果除以总分，计算出各个股东的股比，最后再由主要股东对各个股东的股比进行适当调整
动态调整法	企业不仅要确保股东出资，还要设置相应的调整机制，为创始人增资提供优惠，如允许创始人按照公司注册资本价格或净资产价值进行增资

1.1.2　股权设计的"九条生命线"

股权结构在企业的经营发展中发挥着重要作用。首先，良好的股权结构能够在一定程度上保障企业和创业项目的稳定性；其次，良好的股权结构能够在企业融资和股权稀释时保障创业团队的控制权；再次，良好的股权结构能够帮助企业吸引到更多投资；最后，良好的股权结构能够为企业进入资本市场提供方便。

股权设计的"九条生命线"指的是按照股权大小为维护法定股东权利所设定的九条分割线，如图1-2所示。

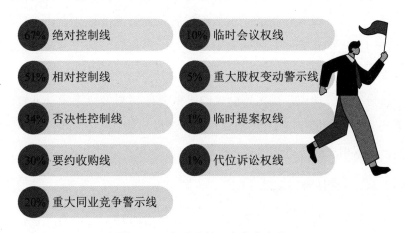

图1-2　股权设计的"九条生命线"

（1）67%：绝对控制线

67%为绝对控制线，当股东所掌握的股权达到67%时，将具备完全控股权，有权对企业中的所有项目做出决策。

决策机制的限制途径主要包含《中华人民共和国公司法》（以下简称《公司法》）和公司章程。从优先级方面来看，公司章程高于《公司法》。在公司章程与《公司法》不矛盾的前提下，股东需要先参考公司章程；若公司章程并未设置相关规定，再参考《公司法》进行决策。

严格来说，按照《公司法》的规定，在实际操作中，当股东的股权达到2/3（约66.67%）及以上时，就可以掌握完全控股权，67%只是一种简化说法。

（2）51%：相对控制线

51%为相对控制线，当股东掌握的股权达到51%（过半数）时，将具备绝对控股权，可以控制一般决议事项。严格来说，"过半数"不等于"半数以上"，过半数不包含半数，需要达到51%，半数以上包含半数，仅需达到50%。

决议事项主要包含重大决议事项和一般决议事项两种类型。其中，重大决议事项主要包括增资、减资、合并、分立、解散、修改章程和变更公司形式等事项；一般决议事项指的是需要经过股东大会或董事会表决，过半数股东同意即可通过的事项，且不涉及对外担保、股权对外转让、董事选举、监事选举等内容。

在股份有限公司中，当出席会议的股东中有51%及以上表决通过时，股东大会可做出决议；若未达到51%，则无法做出决议。在有限责任公司中，股东需要依据相应的公司章程来获取和执行控制权。

（3）34%：否决性控制线

34%为否决性控制线，当股东掌握的股权达到34%时，将具备相对控制权，也称一票否决权。具体来说，当某一股东拥有34%以上、2/3以下的股权时，其他股东就无法获得2/3以上的股权，也就不存在拥有绝对控制权的股东；当出现需要2/3以上股东表决才能通过的事项时，该股东可以利用一票否决权进行否决。

（4）30%：要约收购线

30%为要约收购线，只适用于上市公司，有限责任公司和未上市的股份有限公司均不能将这一数值应用到股权设计当中。

（5）20%：重大同业竞争警示线

20%为重大同业竞争警示线，主要适用于上市公司，有限责任公司和未上市的股份有限公司均不涉及同业竞争方面的限制问题。

从同业竞争的本质来看，当上市公司与控股股东持股的其他企业在业务上相似或完全一致时，二者之间会存在竞争关系。同业竞争与竞业禁止之间存在一定的差别，其中，同业竞争的主体为股东，竞业禁止的主体为企业高管或员工。

一般来说，当股东掌握的股权在20%以上时，可以干涉多项经营决策，因此20%通常作为重大同业竞争警示线。但当企业在股东协议中设置了同业竞争禁止规则时，各项经营决策均需按股东协议执行，此时，重大同业竞争警示线的作用将被明显弱化。

（6）10%：临时会议权线

10%为临时会议权线，当股东掌握的股权在10%以上时，将具备临时会议权，可以召开股东大会临时会议、股东会临时会议和董事会临时会议，并在会议上对公司提出调查、清算、解散等意见。

（7）5%：重大股权变动警示线

5%为重大股权变动警示线，主要针对上市公司。在上市公司中，当股东持有的股权达到5%时，公司需要对股份持有人变动情况进行公示；当投资方在证券交易所购入该公司5%及以上股票时，投资方需要向交易所提交相应的书面报告，并通知上市公司进行公示，且公示期间不能对这部分股票进行买卖。股票持有数量不低于5%的股东均属于证券交易的内幕信息知情人。

（8）1%：临时提案权线

1%与临时提案权相关，当股东掌握的股权在1%以上时，将具备临时提案权，可以在股东大会上提出临时提案。在这一规则中，1%的股权可以掌握在一个股东手中，也可以掌握在多个小股东手中，且该规则主要针对股份有限公司，并不适用于有限责任公司。

（9）1%：代位诉讼权线

1%与代位诉讼权相关，当股东掌握的股权在1%以上时，将获得代位诉讼权，可以间接调查起诉，也可以提请监事会或董事会调查。这一规则主要针对股份有限公司，并不适用于有限责任公司。

代位诉讼权也称派生诉讼权，拥有该权利的股东可以在董事会、监事会、高级管理层损害公司利益时代公司提起诉讼。

1.1.3 企业股权架构的四种类型

公司股权架构可清晰呈现公司与股东以及股东与股东之间的权责关系，合理有效的公司股权架构有助于公司优化治理结构和利益分配，提高运营效率，加强风险防范。股权架构可分为多种类型，企业需要了解自身特点和目标，并据此选择合适的股权架构。

（1）有限合伙架构

有限合伙架构指的是股东通过有限合伙企业间接持有核心公司股权的公司股权架构。一般来说，有限合伙企业的合伙人可分为普通合伙人（General Partner，GP）和有限合伙人（Limited Partner，LP）两种。其中，GP出资较少，掌握话语权和管理权；LP出资较多，不具备话语权和管理权，但享有投资收益权。

采用有限合伙架构的公司可以实现钱权分离，这既有助于公司利用少量资金控制大量资产，也能够为股权买卖提供方便，还能够有效防范风险。

典型案例▶ **蚂蚁集团**

蚂蚁集团起步于2004年诞生的支付宝，目前已成为世界领先的互联网开放平台。在2023年股权结构调整前，蚂蚁集团的股权结构如图1-3所示。

由图1-3可知，杭州君瀚以及杭州君澳两个有限合伙企业共同持有蚂蚁集团53.46%的股份，而根据云铂投资现行章程及《一致行动协议》，马云拥有云铂投资股东会的实际支配权，因此其便间接拥有了蚂蚁集团的掌控权，成为蚂蚁集团的实际控制人。但截至2024年1月，蚂蚁集团股权结构调整完毕，蚂蚁集团已经正式转变成无实际控制人公司。

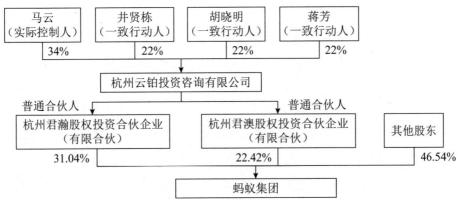

图 1-3　蚂蚁集团的股权结构（2023 年股权结构调整前）

（2）自然人直接架构

自然人直接架构指的是自然人股东不借助任何中间层，直接持有核心公司的股权，这种公司股权架构具有简单清晰的特点，能够为税务处理和套现等工作提供方便。自然人直接架构示例如图 1-4 所示。

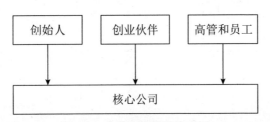

图 1-4　自然人直接架构示例

在自然人直接架构下，当自然人股东转让上市公司的限售股时，可以自由选择纳税地并缴纳 20% 的个人所得税；如果自然人股东借助中间层（如有限合伙企业、有限责任公司等）进行套现，可能难以自由选择纳税地，个人所得税的缴纳比例也相对较高，甚至可能需要缴纳增值税。

　　　　　　　　　　　**京东**

京东是自营式电商企业，创始人刘强东担任京东集团董事局主席兼首席执行官（直至 2022 年 4 月）。根据京东 2023 年年报，刘强东一共控制了

11.2% 的股权及 70.5% 的投票权。京东集团在美国纳斯达克证券交易所正式挂牌上市后，刘强东可以直接通过证券交易账户套现，还可以借助区域性税收优惠、简化税收征管办法、地方税收留成返还等达到降税的目的。

（3）混合架构

混合架构指的是公司根据自身实际情况对以上架构进行调整而得到的新的股权架构。混合架构通常与公司的发展阶段相对应，能够满足各个股东的利益诉求和目标，且模式较为灵活，可定制设计，图 1-5 所示即为混合架构示例。

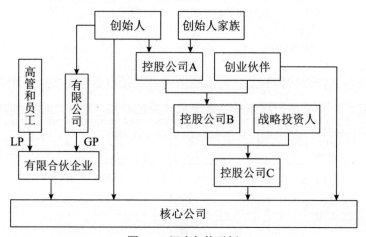

图 1-5　混合架构示例

　　　　　　　　　　　　美团

美团是一家科技零售公司，提供各类生活服务。美团的股权架构以王兴为核心，依据美团发布的 2023 年年报，王兴持有约 9.6% 的股份，并且拥有 44% 的投票权。具体来说，王兴通过 Crown Holdings 和 Shared Patience 两家公司持有一定数量的 A 类股和 B 类股，而 B 类股还包括王兴基金会的部分持股。此外，红杉资本、贝莱德集团、贝利吉福德、先锋领航集团等也是美团的重要股东。2024 年，美团的组织架构仍在进行调整，以优化业务组合、提高运营效率，并不断适应市场变化和发展需求。

（4）契约型架构

契约型架构指的是股东借助各类契约型组织间接参与核心公司的投资和收益分配，并持有其股权。具体来说，该架构下的契约型组织涉及资产管理计划、信托计划、企业型私募基金等内容。对企业来说，一方面，该架构有助于灵活配置股权，能够为其充分满足各类投资者的风险偏好和收益要求提供方便，也有利于分层设计和分配收益权；另一方面，该架构有助于企业借助各个地区的税收政策来优化税收情况，减少在税收方面的支出。除此之外，该架构还能够利用相关合同条款来防止股权信息泄露，提高股权的保密性。图1-6所示即为契约型架构示例。

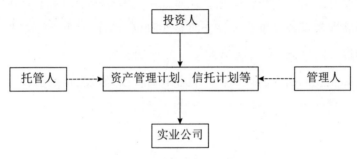

图1-6 契约型架构示例

 奥康国际

奥康国际是一家主营项目为鞋、服装、皮革制品、家纺、五金电器等产品的电子商务企业。在奥康国际的股权结构中，创始人王振滔的直接持股比例为40.06%。此外，王振滔还通过其家族成员和关联企业持有相当数量的股份，这种股权结构使王振滔及其家族在公司的决策中拥有显著的影响力。

在发展过程中，奥康国际还曾制订并落实员工持股计划。对员工来说，契约型架构可以让其以较低的成本获取公司的投资收益权；对创始人来说，契约型架构有助于增强其对公司的控制权和话语权。

1.1.4 初创企业的股权结构设计

股权结构会影响企业的组织结构，进而影响企业的治理结构，因此，从这个层面分析，企业的运营和绩效也与股权结构息息相关。

（1）股权结构设置的重要性

①建立股东间团结稳定的关系。在企业中，有的股东尽职尽责，对企业有突出贡献，却没能获得足够的话语权和利益作为回报，如果分配不公的状况长期得不到改变，可能引发企业内部矛盾，因此需要通过调整股权结构设置给予股东应得的回报。

②对企业融资产生积极影响。在企业融资的过程中，除了企业的发展潜力、财务状况等因素，投资人还会将企业股权结构作为重要的参考指标，股权结构设置合理的企业更容易赢得投资人的青睐。

③保障企业创始人的控制权。企业有时需要通过股权融资、股权激励等手段实现发展壮大，这个过程中会不断有新股东加入。如果企业创始人不重视控制权的保护，其股权就很容易被稀释，股权占比持续降低，最终甚至有可能失去企业控制权。

（2）初创企业股权结构的设计原则

从上述股权结构设置的重要性分析可以看出，初创企业需要重视股权结构设置。一般来说，初创企业的股权结构设计应该遵循一定的设计原则，如图 1-7 所示。

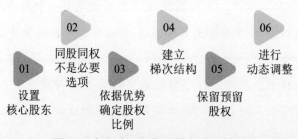

图 1-7　初创企业股权结构的设计原则

①设置核心股东。核心股东为企业的领导者，决定着企业的发展方向，应当占有较高比例的股权。

②同股同权不是必要选项。投入资金和股权并不一定要严格对位，有的股东虽然投入资金较多，但并不直接参与经营，也无法在业务上给予企业太多帮助，对于这样的股东，可通过商定使其占有比例较低的股权，该股东同时相当于企业的天使投资人。

③依据优势确定股权比例。初创企业进行股权结构设计时，可以依据创始人的优势进行股权比例的设置，比如有的创始人擅长战略和管理，就可以占据较高的股权比例，取得更大的企业控制权，确保自己在企业发展的关键时刻有权做出决定，把控企业的前进方向。

④建立梯次结构。核心股东所占股权比例最高，其他股东所占股权比例依其优势、贡献而定。

⑤保留预留股权。预留出一部分股权给未来的新股东，为此需根据现有股东的贡献对股权比例进行适时调整。

⑥进行动态调整。股权比例并非固定的，可参照股东的实际贡献进行动态调整，不过要注意保障核心创始人的控制权，一般情况下不建议降低其所占股权比例。

（3）合理股权结构设置考虑要点

股权由多种股东权利组成，包括投票表决权、分红权、经营决策权、优先受让权、优先认购权、转让权等。股权设置应做到合理合规，设计股权结构时要考虑到不同类型的股权持有者在股东权利方面的关注点，针对不同持股者设定合适的持股比例。

①实际控制人。对于创始人／实际控制人来说，控制权非常重要，凭借控制权能够掌握公司的决策权。在早期，创始人应占有较高比例的股权，由此其控制权可得到有效保障。与合伙人相比，创始人的平均持股比例应是前者的 2～4 倍，为 60%～80%。随着融资的持续推进，创始人所持有的股权

将不可避免地被稀释，不过在企业上市之前，创始人的持股比例应始终高于30%，以此为实际控制人的稳定性提供保障。

实际控制人可将自然人直接持股和控股平台间接持股相结合，前者的优势在于股权架构较为清晰，同时所需支付的税费更低。实际控制人可借助股权转让进行变现，以获得个人资金，或是筹集资金用于后续股权重组。在进行套现时，实际控制人要注意套现的时点、路径以及合法性，此外还要确保自身对公司的控制力不会因为套现而受到影响。

②合伙人。对于创始人来说，合伙人 / 联合创始人是其追随者和合作伙伴，他们有着共同的价值观。合伙人享有公司的管理参与权，有权参与公司决策。在早期，合伙人所占的股权比例以 8% ～ 15% 为宜。

③核心员工（管理层）。分红权对于管理层 / 核心员工来说更为重要，公司的高速发展离不开核心员工的贡献，因此设计股权架构时需为核心员工预留出一部分股权。就拟上市公司而言，如果其高管团队具备较高的水平和稳定性，就很有可能在证监会和投资机构处获得高评价。高管持股平台或员工持股平台是公司管理层持股的具体表现形式，在对其实施管理时一般采用合伙企业的方式，初次为管理层与核心员工预留的股份比例以 10% ～ 25% 为宜。

④为新合伙人预留充足的股权。预留出充足的股权用于吸引人才，预留股权的具体比例可定在 5%，这部分股权暂由实际控制人代为持有。

⑤投资人。投资人看重回报的净值，面对优质项目，他们希望做到快速进入并快速退出。因此，优先清算权和优先认购权对于投资人来说更为重要。投资人的持股比例以 5% ～ 15% 为宜，有的高科技企业对融资规模的要求较高，于这类企业而言，此比例并不适用。通过引入投资人，既可以获得公司上市所需的资金，也能够增强公司的资本运作能力。此外，在引入投资人的同时，也要重视公司控制权的保持，在两者之间寻求平衡。

⑥多轮融资的安排。公司会经历多轮融资，包括天使轮、A 轮、B 轮、C 轮、D 轮，在上市之前还有 Pre-IPO（pre initial public offering，指上市前融资），

创始股东的股权会在融资过程中被稀释。因此，在融资开始前要注意股权结构的设计，对投资进行合理定价，评估融资的结果，在融资的同时尽可能保证创始股东的控股权和公司控制权不受影响，保持实际控制人的地位。

⑦投资定价的合理性。进入资本市场后，公司要做的一项重要工作是保证投资方入资价格的合理性，这样做的目的是杜绝控股股东的利益输送行为，保护众多小股东的利益。

当公司实施业务转型、转变业务方向时，需进行相应的资金分配。这种情况下，就目标公司而言，针对其子公司和关联公司有可能需要采取股权重组措施，这或许将与公司股权结构调整产生关联。

1.2　基于股权结构的公司治理体系

1.2.1　股权结构与公司治理机制

公司治理机制是指管理公司内部各种关系的一系列原则、规则和实践。它涉及公司的所有利益相关者，包括股东、董事、高管、员工等。公司治理的目标是确保公司在法律法规和道德规范的框架下运营，并实现股东利益的最大化。

（1）公司治理机制的关键要素

①独立的董事会。一个有效的公司治理结构需要一个独立的董事会监督和指导公司的运营。董事会成员至少 1/3 为独立董事，他们与公司或股东不存在可能妨碍其进行独立客观判断的关系。独立董事的存在可以确保董事会的决策不受内部利益冲突的影响，保证公司的利益不受损害。

②有效的内部控制。内部控制是公司治理中不可或缺的要素。有效的内部控制机制可以确保公司的运营合规、风险管理到位和资产得到保护。内部控制需要包括明确的授权和责任制度、完善的内部审计和风险管理流程以及有效的信息披露机制。

③投资者保护。投资者保护是公司治理的重要环节之一。保护投资者的权益可以增加投资者的信心，并吸引更多的资金。在投资者保护方面，关键要素包括公开市场信息、公司信息披露规范、投资者救济机制等。

④薪酬和绩效管理。薪酬和绩效管理是公司治理中的一个关键方面。合理的薪酬制度可以激励高绩效员工，提高员工的工作动力和工作效率。薪酬制度应该与业绩挂钩，并设置透明的薪酬标准和考核机制，以确保公正和公平。

（2）股权结构是公司治理机制的基础

股权结构是公司治理机制的基础，会影响股东结构、股权集中程度、大股东身份等，使股东行使权力的方式和效果产生较大的区别，进而对公司治理模式的形成、运作及绩效产生较大影响。因此可以说，股权结构决定了公司治理的基本原则，决定了不同环境下的公司治理要实现的目标。

我国《公司法》将公司区分为有限责任公司和股份有限公司两大类。实践中，我国 95% 以上的公司类型均为有限责任公司，作为以人合为主兼具资合性质的法人主体，股权架构安排成为有限责任公司的存在基础，而"三会一层"（股东会、董事会、监事会及经理层）则是有限责任公司的基本框架，由此构成了立体化的现代企业管理制度，亦成为创业者和投资人在一系列投融资、经营管理、财务运营、商业筹划活动中最为关注的内核。

在企业初创或上市前阶段，重点探讨有限责任公司的股权架构与治理体系相对更有实际价值，同时亦要兼顾法律规定、商业逻辑、人情道德和利益分配。

现代公司治理，核心的关注点是公司的所有权和经营权，具体应包括公司组织机构、董监高等重要人事安排、决策运行机制的建立与调整等。良好的公司治理体系是企业长期稳健发展、取得高质量经济效益的前提和基础。

1.2.2 "三会一层"的治理结构

公司治理结构指为实现公司最佳经营业绩，公司所有权与经营权基于信托责任而形成相互制衡关系的结构性制度安排。治理结构的一般形式为"三会一层"，包括股东会、董事会、监事会和经理层，是公司治理的核心，如表1-2 所示。

表 1-2　"三会一层"的治理结构

组成	设置目的
股东会	由公司股东组成，体现的是所有者对公司的最终所有权，是公司的最高权力机构
董事会	由公司股东会选举产生，对公司的发展目标和重大经营活动做出决策，维护出资人的权益，是公司的决策机构
监事会	由股东会选举产生，对股东会负责，是公司的监督机构，对公司的财务和董事、经营者的行为发挥监督作用
经理层	由董事会聘任，是经营者、执行者，是公司的执行机构

目前，国内公司治理中，"三会一层"履职不到位的问题比较突出，主要包括：股东会未有效发挥管控作用，董事会对战略定位、风险偏好、业务发展速度和规模的控制不尽合理，监事会未充分发挥对董事会与经理层的监督职能。

"三会一层"涉及四者关系，四者间既不能缺位，也不能越位，更不能错位。要做到这一点，建立治理架构、制度体系只是第一步，更重要的是要在各自职责边界内找到工作抓手。

（1）股东会

股东会在公司发起成立之初就应当有了基本安排。从法律上讲，股东会是有限责任公司的权力机关，除特别规定外，有限责任公司必须设立股东会。而实际情况中股东会却并非常设机关，只有在召开股东会会议时，才作为公司机关存在。理论上，只要是按认缴出资额向有限责任公司缴纳出资的人，都可以是股东，即股东会成员，所以，股东应属"天然"产生而无须任免。

股东会的决策机制是根据股权比例决定的，其表决权、分红权及出资比例可以不互相重合。现代有限责任公司为加强对股东会的控制，有的会考虑通过持股平台的方式代为持股，有的则会设置一致行动人或投票权委托等机制。

（2）董事会

董事会是有限责任公司的决策机关，也有观点认为，它是公司的执行机关，由股东会选举产生。在规模不大、股东人数较少的公司中，并不一定设有董事会，而是安排一名执行董事履行相关职责。董事会对于公司而言非常重要，一则其是常设机关；二则其具有相当大的法定权限；三则其往往代表股东的直接意志。需要注意的是，董事会决议的表决机制是一人一票制，并没有比例之说，这与股东会的决议表决有着重大区别。因此，要拥有对董事会的控制权，必须着重考量董事的人数。

（3）监事会

就法律规定而言，监事会为有限责任公司的常设监督机关。实务中，人们大多认为监事会的职权有限，但需要关注的是，监事会拥有查询公司账目、建议罢免和起诉董事高管的权力。从现实意义出发，小股东可以争取监事会的职位。

（4）经理层

有限责任公司经理层是负责公司日常经营管理工作的高级管理人员，也可认为是公司执行机关。经理层由董事会聘任或者解聘，对董事会负责，因而董事会对经理层的影响较大。同时，因为经理层最接近业务的一线，故而实际权力较大。实践中，往往在经理层的职权、岗位、人员分配上会存在较多的纷争。

1.2.3 股权结构对公司治理的影响

现代公司体系中，股东通过股东会任命董事会并授予其职权，董事会通过组织管理层实现对公司的治理。权力的两次下放使得公司可能出现所有权与控制权分离的情况，公司治理出现了新态势。不同股权结构会影响股东会的决策情况，从而使股东会对董事会以及管理层的控制力发生变化。

从知识和信息掌握水平来看，控股股东多为公司创始人或实际控制人，对行业和公司实际情况有比较全面的了解；管理层处于公司经营的一线，往往拥有较高的知识和技术水平，掌握公司和行业情况更加及时准确；其他少数股东在了解公司信息方面处于劣势，在公司治理方面可能会产生消极依赖心理。

因此，股权结构对公司治理的影响大致可以归结为以下三种情况。

（1）较为集中股权结构的公司治理

股权高度集中（绝对控股股东持股比例为 50% 以上）的情况下，控股股东拥有对公司的绝对控制权或经营决策权，股东会很难发挥其制度优势和作用。董事会的权力可能会掌握在控股股东手中，多数掌握较少股权的股东的意志可能难以得到体现。由于管理层薪资由股东会决定，因此管理层行为及公司治理模式也将反映控股股东的意志。此时公司治理的潜在目标是实现控股股东利益最大化，少数股东利益以及公司发展难以得到保证。

公司治理方面，股东意志较为集中，利益趋同，使得公司向心力增强，企业运营效率提高。公司管理层一般由职业经理人构成，其专业性和知识水平受市场检验，管理层若经营不力而未能满足股东要求，可能会被更换，从而使得公司治理能够始终朝着实现大股东利益最大化的方向发展。

另一方面，公司决策易受个人影响，管理层能力优势可能会受到一定约束。控股股东对短期利益的索求可能会导致公司出现"短视"的情况。例如，公司研发费用在短期内会侵蚀大量利润，控股股东个人与管理层之间针对此问题可能会出现分歧，而能否充分听取管理层意见将主要取决于控股股东的倾向，科学的分析和决策机制可能会被短期利润或者个人喜好所取代。

股权高度集中情况下，公司治理水平取决于控股股东的能力与选择，公司决策效率较高，但少数股东权益难以得到充分保障。

（2）高度分散股权结构的公司治理

高度分散股权结构（第一大股东持股比例低于 15%）下，股东会、董事会等权力机构将更具有代表意义，投票机制将反映大多数股东的倾向，公司所有权和控制权分离更为彻底，公司治理不再反映某个人的意志（内部控制人问题除外），而是依靠集体智慧，这避免了股东之间互相侵蚀利益的情况。

上市公司高度分散的股权意味着公司在二级市场流通股份比例较大，外部资金争夺公司控制权成为可能，公司运行缺乏稳定的环境，公司治理更多依靠管理层水平。在这种情况下，部分股东会出现"搭便车"心理，使得分散股权的优势受损。同时，由于管理层掌握更加全面并且及时的信息，拥有更高的自由度与更大的话语权，使得股东对管理层的管控力降低，因此可能会出现管理层为满足自身利益而损害股东利益的情况。

监事会及内部控制机构的设立在一定程度上降低了股东利益受损的风险，公司治理有可能形成股东—管理层—监管机构的三角形稳定形态。股权高度分散下科学有效的公司治理需要依托良好的市场环境，更能关注到全体股东利益、公司长期发展与社会责任。

（3）相对集中股权结构的公司治理

受资金需求影响，公司在上市过程中往往需要进行多轮融资，引入风险或战略投资者。由于风险或战略投资者倾向于掌控部分甚至全部控制权，公司股权集中度会有一定程度的下降，控股股东往往只持有相对集中的股份，即出现单一股东持股不超过 50%，且公司内部仍有个别股东持股比例与控股股东持平或比控股股东更多的情况。

当股东利益诉求一致时，由于大股东内部存在权力制衡，股权结构较为稳定，公司治理有机会保持较高水平。此时，公司治理的主要矛盾在于公司业绩及收益率是否能够满足股东需求。股东对于管理层的控制力较高，当公司业绩下滑甚至连续亏损时，股东可以迅速统一意见并做出调整，选择更高水平的职业经理人。在这种情况下，大股东内部能够形成统合综效的优势，使公司决策更加科学，出现重大决策失误的可能性降低。

而当控股股东做出有损其他大股东利益或有碍于公司发展的行为时，其他大股东有机会联合反对控股股东，从而可能引发对公司控制权的争夺。这也是大股东股权较为分散的公司在股权结构方面存在的潜在风险，公司大股东可能会因为意见不合而在关键决策时出现相互掣肘的情况。对公司控制权的争夺会导致公司不确定性风险上升，从而影响公司经营和治理。

1.2.4 公司治理体系的优化策略

（1）构建合理的外部治理体系

借助控制权市场能够更好地发挥外部市场竞争的作用，对公司治理产生积极作用。外部治理体系可以向外部投资者展现潜在的利益空间，公司治理问题的负面影响将体现在股东利益和公司估值上，公司估值的降低在客观上为收购人的外部收购创造了条件，外部收购完成后，公司将迎来新的管理层。新管理层凭借自身出色的治理能力能够提升公司利润，为股东创造更多的利益。随着公司估值的上升，外部收购者将不会做出收购的选择。

与原始股东相比，外部投资者往往需要投入更高的成本以获取公司股权，公司的估值和发展前景于他们而言更为紧要，所以外部投资者会在公司治理上投入更多精力，切实解决治理方面存在的问题，实现公司治理水平和治理效率的提升，这就是构建外部治理体系的意义。

（2）建立健全内部控制机制

针对股权高度集中和高度分散造成的问题，可通过建立健全内部控制机制加以解决。

在股权高度集中时，会存在"一言堂"的情况，持有绝大部分股权的决策者掌握的话语权过大，参与决策的总人数过少，无法收集到广泛的意见，无益于决策水平的提高，这种"独断"的局面有可能造成决策失误，给公司带来损失。

在股权高度分散时，权力的重心从股东下移到管理层。管理层从自身利益出发，可能会做出对股东利益造成损害的行为。在这种情况下，应通过监督与内部控制机制对管理层实施有效约束，防止出现权力滥用的现象。

此外，还可以构建管理层激励体系，参照公司治理指标制定管理层薪酬结构，在薪酬激励体系的推动下，管理层将更加积极地投入公司治理中来，不断地提高自身的工作能力，努力取得更好的治理效果，维护公司的整体利益。股权激励制度是薪酬激励体系的重要组成部分，赋予管理者和员工股份能够有效地调动其主动性和创造性，显著提升其工作效率。

（3）构建合适的公司文化

每家公司都有自己的规章制度，然而很多时候仅凭制度无法解决公司治理层面的问题。股东和管理层因为利益而产生纠纷，部门间无法达成有效合作反而相互制约，这些情况都会对公司治理产生消极影响。针对以上问题，需要构建合适的公司文化，引导公司成员团结协作，向着同一目标迈进。

公司文化在企业治理中发挥关键作用，在优秀公司文化的指导和引领下，企业得以顺利地克服困难，朝着目标持续前进。在企业治理中，公司文化能够推动股东与管理层之间以及部门之间形成和谐融洽的关系，加深彼此间的信任。

公司的所有权和控制权是彼此对应的，与此相关的股权结构和公司治理也密不可分。当股权高度集中时，随之而来的是控制权的高度集中，控股股东在公司决策和治理方面拥有绝对主导权，忽视了少数股东的利益，此条件下管理层的话语权非常有限，在很多时候无法自由展开行动。股权高度分散时，股票收益成为股东的主要关注对象，他们并不重视投票权和控制权的行使，这不利于形成公司的统一决策，此条件下管理层拥有较大的话语权，可以充分地自由展开行动，但有可能为一己之私做出攫取公司利益的行为。

面对高度集中、高度分散等股权结构可能出现的问题，公司需建立起合理完善的制度，切实保障股东及员工的利益。外部治理体系将使企业拥有更加广阔的视野，推动管理层有效地解决治理问题，提升治理效率；内部控制机制可以起到权力约束的作用，避免权力使用不当带来损失，管理层激励体系有助于提高管理层参与公司治理的能动性；合适的公司文化能够增强公司成员间的协同效应，为企业提供前进动力。

1.3 ❯ 企业掌握控制权的七种设计方法

在运营和管理中，企业掌握控制权的设计方法主要有以下七种，如图 1-8 所示。

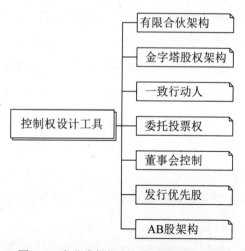

图 1-8　企业掌握控制权的七种设计方法

1.3.1　有限合伙架构

有限合伙企业主要由普通合伙人（GP）和有限合伙人（LP）组成，普通合伙人拥有对企业日常经营中各项事务的决策权，且这一权利不受有限合伙人出资情况的影响。在融资和实施股权激励的过程中，企业创始人可以作为普通合伙人，获取对企业的管理权和决策权，加强对企业的控制，并将投资人和激励对象作为有限合伙人，仅赋予其分红权，如图1-9所示。

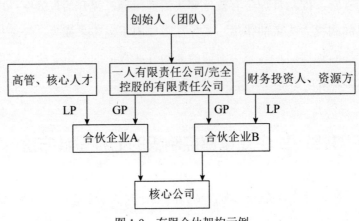

图1-9　有限合伙架构示例

在企业家看来，在股权中，话语权的重要性高于财产权，而有限合伙企业能够实现钱权分离，满足企业家的要求。《中华人民共和国合伙企业法》（以下简称《合伙企业法》）在一定程度上确保了合伙人设计机制的灵活性，企业可以在合伙协议中自由设置利益分配机制和合伙人权利分配机制。

有限合伙架构能够为重视权利的普通合伙人和重视财产的有限合伙人提供合作平台。具体来说，在有限合伙企业中，普通合伙人可以是创始人大股东，享有决议权和表决权，但不具备财产权，需要对企业债务承担无限连带责任；有限合伙人通常为高级管理层的员工，享有财产收益权，但不具备表决权，只需按照自身出资金额承担相应的责任。

除此之外，为了有效规避风险，企业通常会设立一个由创始人控股的有限责任公司，并将其作为企业的普通合伙人。有限合伙架构具有多层嵌套的特点，能够为实现公司管理层对多数股权的控制提供支持，帮助创始人强化公司控制权，同时也能够通过税收筹划减少在税务方面的支出。

1.3.2　金字塔股权架构

金字塔股权架构指的是公司实际控制人间接持有公司股票，具有对公司的控制权，且控制链呈金字塔结构。金字塔股权架构具有多公司、多层级、多链条的特点，在该架构中，公司实际控制人控制第一层公司，第一层公司控制第二层公司，以此类推，公司实际控制人可以通过多个层次实现对目标公司的控制。

具体来说，金字塔股权架构的优势主要体现在以下几个方面。

（1）股权杠杆以小博大

在金字塔股权架构中，处于顶端的控股股东可以借助股权杠杆，利用少量自有资金实现对大量外部资金的控制，不仅如此，在自有资金不变的情况下，控股股东可控制的资产规模还会随着金字塔链条的延长而扩大，进而达到以小博大的目的。

（2）便利债权融资

在金字塔股权架构中，上市公司或拟上市公司之上均设有控股公司，控股公司可以合并各类相关报表，且具有较强的资金实力和较高的银行认可度，可以为上市公司贷款和发行债券提供担保，帮助上市公司提升信用等级，减少在融资方面的成本支出。不仅如此，控股公司还可以在具有一定资产规模后通过发行企业债等方式获取资金，以便开展各项不适合在上市公司或拟上市公司内部开展的业务。

（3）方便人事安排

一般来说，公司中的创业元老为公司发展做出的贡献较大，在公司上市后也会持有大量股份，因此可能会出现工作积极性下降的情况，不仅如此，个别创业元老还存在知识结构老化、学习动力不足、难以适应公司发展等问题，导致公司的实际控制人需要为了这些创业元老做出让步，使中层骨干难以晋升，进而对公司的发展造成不利影响。

上市公司之上的控股公司可以接纳缺乏工作动力的老管理层，并将其调到控股公司的虚职上，在照顾老管理层情绪的同时为中层骨干提供更大的升职空间，确保上市公司管理层具有充足的活力，同时也为公司的员工提供了丰富的晋升机会。

（4）控股公司单独上市

随着实力不断提升，控股公司将具备单独上市的能力。比如，创建于1992年的复星国际，旗下有复星医药、豫园股份、复地集团、海南矿业、舍得酒业等多家知名企业。2007年，复星国际在香港联交所主板上市，而在此之前，复星国际旗下已拥有5家A股上市公司。

1.3.3　一致行动人

一致行动人可以为公司提供额外的保障，也就是在公司已有股东会的前提下再建立一个有法律保障的"小股东会"。具体来说，当企业的股东会需要对某一事项进行协议或表决时，各个相关方可以先在"小股东会"中进行讨论，并给出一个对外的结果，再进一步推进股东会中的表决或事项决策工作，当某一方未遵循一致行动人协议约定内容时，协议中的相关条款会给出不超过法律允许范围的惩罚措施，如罚款、赔偿股份等。

与有限合伙企业和金字塔股权架构相比，一致行动人的控制力较弱。具体来说，一致行动人的应用存在一定局限性，不是企业可选择的最佳控制权设计工具，具体原因主要涉及以下几项内容。

（1）有"行动一致"的期限

一致行动人协议存在期满失效的问题，当协议期限届满时，协议中的各个相关方需要签署终止一致行动关系的声明，确认一致行动关系会自动终止，不再顺延。

（2）可能因目标完成而被解除或撤销

公司在融资过程中采用一致行动人协议具有较强的目的性，通常是为了达成上市等目的。一般来说，当企业达成目的时，可能会解除或撤销一致行动人协议。

（3）对第三方没有约束力

从法律效力上看，一致行动人仅作用于签约主体，与未经过效力追认的合同外第三方无关。具体来说，当签署一致行动人协议的小股东因去世等不可控因素导致股权被继承时，需要就这部分股权与继承人签订补充协议，确保一致行动人协议对其有一定约束性；当签署一致行动人协议的小股东所持有的股份在公司上市后变为流通股时，若该股东以竞价交易的方式对这些股票进行受让，公司的一致行动人协议则无法约束受让方。

1.3.4　委托投票权

委托投票权是创新股东投票形式的产物，指的是股东委托其他人代为出席股东大会并行使投票权。根据《公司法》，在委托投票制度中，"股东委托代理人出席股东会会议的，应当明确代理人代理的事项、权限和期限；代理人应当向公司提交股东授权委托书，并在授权范围内行使表决权"。

与一致行动人相比，委托投票权的受托方并不存在身份上的限制，可以是公司中的其他股东，也可以不是公司股东。当股东选择由委托人参与股东大会并进行表决时，意味着其自身完全放弃表决权，不再干涉这次股东大会中的事项表决。

在股权分散且各个股东的股权比例相近的情况下，这些股东可以签署一致行动人协议，共同控制公司，也可以不设置实际控制人。当股权比例较高的股东仅作为财务投资者且不存在绑定意愿时，各个持股较少的股东可以通过委托投票权的方式集成控制权，由持股最多的股东控制公司。

1.3.5　董事会控制

董事会是由董事组成的负责掌管公司战略方向和重大决策的执行机构，在决策环节的参与度较高，因此，股东在获取公司控制权时，可以从控制董事会入手。

股东可以采取以下几种方式来控制董事会：

● 选举或指派与自身利益一致的董事成员进入董事会。

● 控制董事席位的提名权。股东可以在确定董事席位前先进行提名权分配，再在相关章程和议事规则中明确各股东推荐的董事席位，防止出现相关争议。

● 明确董事的任职资格。股东可以在相关章程和议事规则中设置选拔董事的要求，如具有业务管理经验和特定专业技能、遵纪守法等，防止出现选中不符合要求的人的情况。

● 限制单次改选董事的比例。股东可以设置改选规则和比例，确保原控制人在董事会中占优势地位。

● 控制董事长提名。股东可以设置公司董事长提名要求，确保董事长只能从自身提名的董事当中产生。

● 合理设置董事会决议通过的表决权比例。股东可以将事项表决有效的人数设置为2/3，并在董事会上对董事提名、董事长选举、对外投资等重要事项进行表决，以便提高表决结果的合理性。

公司可以根据相关法定程序灵活调整人事安排和制度，控制董事会是许多公司股东所采用的获取控制权的方法，但这种方法并不能从根本上解决问题，只能在获取控制权的过程中起到辅助作用，或在即将丧失控制权时起到拖延作用。

1.3.6 发行优先股

2013年11月30日，国务院以国发〔2013〕46号印发《国务院关于开展优先股试点的指导意见》，尝试从海外市场引入一些具有一定成熟度的证券，促进我国资本市场发展。该文件明确限制了优先股发行公司的类型，具体来说，证监会规定的上市公司可以公开发行优先股，上市公司和非上市公众公司可以非公开发行优先股。

优先股是一种符合《公司法》相关要求且不属于普通种类股份的股份。从利润及资产分配优先级方面来看，优先股股东高于普通股股东；从管理和决策方面来看，优先股股东需要放弃部分表决权。优先股股东可享有以下几项优先权益。

（1）优先获得固定股息

优先股是一种具有票面利率的股债混合工具，能够为股东带来收益。从实际操作来看，首先，公司需要根据相关法律弥补亏损，提取法定公积金；其次，公司需要根据经过审计的母公司报表来确认可分配利润，并向优先股股东发放与其持股比例相对应的股息；最后，公司在完成优先股股东的股息发放工作后需要为普通股股东分配剩余利润。

（2）回售权

优先股限售期届满时，优先股股东可以将自身所持有的优先股回售给公司，具体来说，优先股主要包含递延支付的股息和孳息。对公司来说，可以利用以下公式来计算累计未支付的股息：

累计未支付的股息 = 累计未支付的优先股股息 + 累计未支付的优先股股息的孳息

累计未支付的优先股股息 = 本年度应付股息 - 本年度已付股息 + 过往年度所有未支付股息

累计未支付的优先股股息的孳息 = 累计未付股息 × 当期票面利率 × 累计延迟支付自然天数 /365

除表决权外，优先股股东还需放弃请求、召集、主持、参加以及委派股东代理人参加股东大会的权利。

1.3.7　AB 股架构

AB 股是一种包含 A 类股和 B 类股两种股票的股权结构。其中，A 类股的持有人通常为一般股东，与低投票权相对应，每股股票只有一票或零票投票权；B 类股的持有人通常为公司管理层，与高投票权相对应，每股股票有多票投票权，但同时也存在流通性不足的缺陷，B 类股在流通出售后会转化为 A 类股。

京东将股权分为 A 股和 B 股，A 股每股有 1 票投票权，B 股每股有 20 票投票权。为了有效防范运营风险，京东在 AB 股方面也做出了相应的限制，如要求刘强东维持京东董事的职务等。根据京东 2023 年年报中的公开数据，截至 2024 年 3 月 31 日，刘强东一共控制 11.2% 的股权及 70.5% 的投票权，沃尔玛一共控制 9.4% 的股权，但只有 3.1% 的投票权。

优刻得（UCloud）是我国的中立云计算服务商，2020 年 1 月 20 日正式在上海证券交易所科创板挂牌上市。为了保障公司的长期稳定运营，优刻得采用了 AB 股架构模式，这也使其成为我国 A 股市场第一家同股不同权的上市公司。优刻得的 AB 股设置如图 1-10 所示，共同实控人季昕华、莫显峰及华琨持有的 A 类股每股拥有的表决权数量为其他股东所持有的 B 类股的 5 倍，即 A 股每股有 5 票表决权，而 B 股每股只有 1 票表决权，但在其他权利方面，二者之间并不存在明显差别。

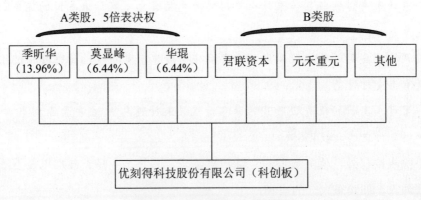

图 1-10　优刻得的 AB 股设置

受同股不同权因素的影响，在应用 AB 股的公司中，投资人所需承担的风险较大，公司运行情况与原创始人息息相关，且不确定性较强，因此 AB 股更适用于在境外上市的公司。

1.3.8 【案例】"宝万之争"的分析与启示

近年来，上市公司的股权争夺战频频上演，宝能系（以宝能集团为中心的资本集团）对万科的股权争夺就是其中的典型。

在国内房地产行业的风险投资领域，宝能系素来有"野蛮人"之称。2015 年 7 月，以宝能集团为中心的资本集团对万科集团发起了一场蓄谋已久的收购战，通过不断买入万科股票增持股份，持股比例一度增至 25% 左右，成为万科集团的第一大股东。面对宝能系的突然进攻，万科集团不得不仓促应战。

2016 年初，万科集团计划与深铁集团联手，共同对抗宝能系。随着双方的博弈愈演愈烈，再加上恒大集团的进入，整个局面变得混乱不堪，博弈过程跌宕起伏。2017 年，深铁集团正式参战，先后从华润、恒大手中收购了万科集团的股份，逐渐控制住了局面。由此，随着深铁集团的进入，历经两年的"宝万之争"落下帷幕。

（1）宝万股权之争的分析

①公司治理重要性凸显。从表面上看，"宝万之争"是万科管理层与以宝能集团为中心的资本集团资本力量的博弈，实际上是万科管理层与宝能系对万科集团控制权的争夺。作为国内地产行业的领军企业，万科的品牌价值、发展潜力、资产储备、上市套现潜力等都非常强大，这引起了很多资本的觊觎，特别是其股权架构方面的缺陷，给宝能系发起进攻提供了机会。

②万科管理层的懈怠与失误。宝能系对万科的进攻蓄谋已久，而且采取的是蚕食战略，一点点收购万科股权，直到成为万科的第一大股东。面对宝能系的步步紧逼，万科管理层盲目自信，毫无危机感，待到做出反应却为时已晚。除了公司管理层没有展现出上市公司职业经理人应有的水准之外，导致万科陷入股权争夺战的另一个原因就是股权结构过于分散，公司管理团队所有成员的持股比例总和不足 1%，创始人股权被严重稀释，使得宝能系可以轻而易举地通过增持股权成为公司的第一大股东。

③从"英雄时代"走向"股权时代"。现代化的公司治理有一个大忌，就是管理层在公司治理中强调个人英雄主义。事实上，公司治理应该从长远出发，管理层要放弃个人成见，做出有利于公司发展的科学决策。万科由王石一手创建，并且在王石的带领下成为国内地产行业的领军企业。但随着国内资本市场发展完善，万科的管理逐渐规范化、透明化，个人的理想主义与英雄主义不再适用，导致万科在与宝能系的对战中落下风。

（2）宝万股权之争的启示

①构建合理的股权结构。通过一个公司的股权结构可以大致了解该公司的治理模式。在一家公司中，高层管理者掌握着经营权，股东掌握着重大事项的决策权。要想让公司保持稳定运营，高层管理者必须得到大股东或者大多数股东的支持。

万科集团在发展过程中，创始人的股份不断地被稀释，逐渐失去了公司控制权。在这种情况下，面对宝能系的收购战略，万科的管理层只是从运营角度思考应对策略，没有用收购股权的方式予以反击，最终导致控制权旁落。

因此，企业在发展过程中要不断地调整股权架构。一方面，要保证创始团队对公司的控制权，同时平衡好各利益主体之间的关系；另一方面，要让各股东的权力分配维持平衡，以免出现股权之争。只有做到这两点，才能维持企业稳定健康地发展，让公司治理模式正常运转。

②健全董事会治理机制。在公司治理中，董事会有两大任务：第一，制定企业各项策略，明确企业的发展方向；第二，任命公司管理层，制定合理的运行机制，采取有效方案对管理人员进行激励、监督，实现公司的发展目标。

"宝万之争"阐明了一个道理：公司管理层必须具有忧患意识，必须不断完善公司的治理规则。当初，万科的股份制改革过于保守，导致股权过于分散，才会在宝能系的强攻下显得毫无招架之力。另外，为了保证董事会决策公平公正，要充分发挥公司执行董事制度与独立董事制度的作用，尤其是独立董事制度。因为独立董事与公司股东、管理层都没有直接关系，可以在企业内部形成一个良好的制衡机制，协调股东与管理层之间的关系。

这种机制可以保证董事会的决议有效执行。在"宝万之争"中，万科的两位独立董事发挥了重要作用，不仅提出了很多有益建议，而且对股东行为与管理层行为进行了有效监督，极大地提升了公司的决策水平。

③保证上市公司管理团队的稳定。正是在以王石为首的管理团队日复一日的努力下，万科才发展成为国内领先的房地产企业。假设以宝能集团为中心的资本集团成功掌控万科，罢免万科的全体董事，清洗万科的管理团队，势必会导致公司发生剧烈动荡。正是考虑到这一点，作为当时万科第二大股东的华润才否决了宝能系的这一动议。当然，对于上市公司来说，稳定管理团队的一个有效方法就是让股东大会对管理团队成员形成良好决议，同时对管理层的日常经营活动进行有效监督。

④在公司章程设计上完善反收购的防御性条款。在企业经营管理的过程中，公司章程发挥着极其重要的作用。在"宝万之争"中，万科股权旁落的一个重要原因就是公司章程存在漏洞，缺乏完善的防御性机制，也没能充分发挥管理层的重要作用。

这就警示上市公司在设计公司章程时必须设置反收购的防御性条款：一方面，企业要在维护股东利益的前提下，增设一些对应条款，增强自身的抵抗力；另一方面，企业可以在企业章程中对股东大会的提议权、股东对董事的提名权等做出一定的限制，防止收购者通过增持股份获取公司控制权。

第 2 章

股权激励的
模式路径

2.1 ▶ 股权激励的概念、原则与要素

2.1.1 企业股权激励的基本概念

除了资金、技术、设备等生产要素，企业的发展还离不开人才，尤其是在市场竞争日益激烈、新业态新模式不断涌现的当下，人才已然成为帮助企业在市场竞争中赢得主动的战略储备资源。

作为国内最大的信息与通信企业，华为在发展过程中高度重视人才的作用，其创始人任正非曾说："我们是储备人才，不储备美元。"足见人才要素对于企业发展的重要意义。而随着国内产业数字化转型的推进，人才对于企业发展的作用正不断增强，这也启示企业在发展过程中除了要关注资本之外，更要聚焦人才，充分发挥人才的作用。对此，股权激励提供了一条有效的实施路径。

股权激励作为一项能够有效提升员工积极性、激发企业内生动力的管理手段，在过去的时间里已经被反复地应用到企业管理当中，可以说，只要一个企业对于自身发展有着较高的战略期望，那么其必然要对股权激励问题进行思考。换言之，股权激励已成为企业发展道路上绕不开的关口，如何用好股权激励决定着企业在市场竞争中所能达到的高度。这就需要企业管理者尽早布局，因为股权激励的特性决定了越早进行相关准备，越能够获取更多主动权，股权激励的实施空间也就越大，最后达到的效果也就越理想。

当企业处于初创阶段时，创始股东手中可操控的股份数量较多，且对股份的处置尚不受投资人的限制，因此股权激励的实施也就更加顺畅；随着企业发展进入后期，多轮股权融资的跟进下，管理者所能掌握的股权比例大大缩减，股权激励的实施难度增加，效果也会大不如前。

所谓"股权激励"是指企业遵循一定的原则，为经营者分配部分企业股权，允许他们持有公司股票，并通过这种方式对股票持有者实施激励的机制。股权激励可以实现经营者短期行为与长期行为的统一，让经营者能够从股东的角度分析企业的发展，让公司股东与经营者都能够从公司发展中获益。换句话说，公司通过实施股权激励将剩余索取权分配给经营者与员工，让他们获得部分公司股权，进而达到激励效果。

作为随着现代商业模式发展而出现的一种长期激励机制，股权激励的本质是通过让渡部分股权充分留住具有战略价值的员工，将员工纳入企业利益共同体中来，让企业成为员工自己的"事业王国"，从而激发员工的内生动力，使其更好地为企业的发展而奋斗。尤其是对于创立时间尚短的企业而言，业务能力过硬、工作劲头强盛的员工与具有开创精神的企业创始人是推动企业持续向前发展的引擎，而股权激励机制可以将两股力量凝聚在一起。

股权激励的作用逻辑并不复杂，但若要真正保证其高效实施并实现激励效果，则需要对许多关键细节予以重视。股权激励方案制定的第一要求在于发挥实效，在具体设计方案内容时应充分结合企业发展实际，避免纸上空谈。真正优秀的股权激励方案，既要保证各种激励性举措能够落到实处，激发员工积极性，同时也应保证其在一定的框架约束内，以确保不会对股东的控制权产生影响。

2.1.2 企业股权激励实施的目的

在制订股权激励计划的过程中，企业要先明确自身实施股权激励的目的。一般来说，各企业在规模、发展阶段和行业类型等方面存在一定差别，因此利益诉求各不相同，实施股权激励的目的也存在差异。

在股权激励计划设计方面，许多企业通常以给优秀人才"三金"的方式来激励人才，即"金手铐""金台阶"和"金色降落伞"，其中，"金手铐"主要作用于现有骨干群体，"金台阶"主要作用于未来人才，"金色降落伞"主要作用于过去管理层。

近年来，股权激励制度不断变化，企业陆续发掘出股权激励计划的许多新作用，如约束激励对象、平衡各方利益关系、减少人力成本中的现金支出等，并逐渐将激励人才以外的目的带入股权激励方案设计工作当中。

（1）落实企业战略目标

股权激励计划的目标应符合企业的发展战略需求，因此，企业需要综合考虑各项现实因素，并从自身掌握的战略资源出发，制定发展战略。与其他企业资源相比，战略资源具有较强的独特性，可以看作企业的专属资源，涵盖产品资源、渠道资源、人力资源、专利技术等。

（2）平衡各方利益关系

为了有效绑定激励对象与企业的利益，企业在制订股权激励计划时需要综合考虑各个利益相关方，如股东、经理人、核心技术人员、普通员工等，明确各方的立场和利益诉求，平衡各方利益关系。从实际操作来看，在股权激励过程中，企业需要重塑薪酬结构，加强经理人和激励对象的薪酬与企业的股价、长期业绩、长期业务指标之间的关联性，提高经理人和激励对象对企业长期发展的关注度，借助深度绑定的利益使之与企业形成利益共同体，在分享利益的同时共同承担风险。

（3）提升业绩和核心竞争力

在企业落实股权激励计划后，激励对象将成为企业的股东，拥有分享企业收益的权利，且实际分得的收益受企业所创造的利润的影响。这种具有一定可预期性的收益或损失能够有效激发激励对象的工作积极性，促使激励对象充分发挥自身潜能，也促使经营者加大在技术和管理方面的创新力度，通过创新来减少成本支出，提升利润水平，进而提升企业的业绩和核心竞争力。

（4）降低人力成本的现金压力

企业处于创业期或扩张期时，通常会为了减少人力成本中的现金支出而实施股权激励计划。例如，马云在邀请时任瑞典银瑞达集团副总裁的蔡崇信加入阿里巴巴时为其开出的月薪仅有 500 元人民币，其余报酬通过股权激励的形式支付。

（5）整合上下游资源

除企业内部员工外，股权激励也能够作用于企业外部人员，帮助企业整合上下游资源。为了提高产品经销商的积极性，企业可以对经销商实施股权激励计划，将企业的收益与经销商的利益挂钩，让经销商可以按照所持股份享有相应的利益，驱动经销商更加积极地宣传产品和品牌，帮助企业提高产品销量和盈利水平。由此可见，股权激励能够绑定上下游利益，帮助企业与上下游合作方建立更加稳定的关系。

2.1.3 企业股权激励的设计原则

企业常用的激励体系如图 2-1 所示。其中，股权激励能够增强企业对人才的吸引力，帮助企业留住人才，调动员工的积极性和主动性。完善股权激励方案能够实现企业发展和员工利益的紧密结合，促进企业与员工的合作共赢，对企业的整体发展产生积极影响。

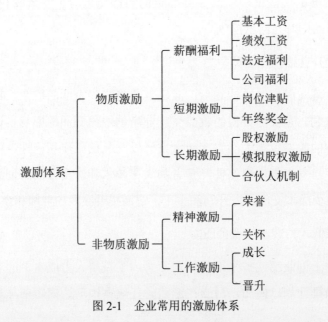

图 2-1　企业常用的激励体系

在进行企业股权激励方案的系统设计时，应遵循六大原则，如图2-2所示。

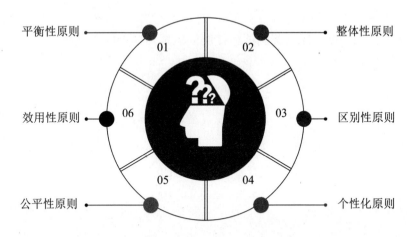

图2-2　企业股权激励的设计原则

（1）平衡性原则

股权激励方案的系统设计要遵循平衡性原则，平衡性具体有以下体现。

①现金与非现金的平衡。注重激励手段的多样化，充分利用每种激励方式的优点。物质激励是常用的激励方式，且一般会收到较好的激励效果，不过单纯使用物质激励会让员工过于看重金钱和物质，也会增加企业的激励成本。非物质激励可以作为物质激励的补充，但不宜过度强调，因为员工在工作中往往更关注实际利益。有的员工看重个人成长，对于这类员工可采用工作激励的方式，使其得以在工作中取得个人成就。

②短期与长期的平衡。针对不同的激励对象和组织的具体情况选择长期或短期激励措施。有些员工对于组织的长期发展而言非常关键，对于此类员工应采取长期激励措施；有些员工的价值更多地体现在短期的业绩上，针对此类员工可采取短期激励措施。

有的组织上升空间较大，增长潜力大，在这类组织中应采取长期激励措施，鼓励和促进长期发展；有的组织稳定性较强，在这类组织中应采用短期激励措施，推动短期内的业绩提升。

③个人与团队的平衡。与团队奖励相比，个人奖励可以使激励对象获得更多的利益，从而取得更好的激励效果。尽管如此，还是应当重视个人奖励与团队奖励的平衡。团队奖励能够控制团队成员间的收入差距，是一种对每位团队成员来说都更加公平的奖励方式，有助于提升团队凝聚力，促进成员间的合作，建立起一支更出色、更高效的队伍。

④风险与回报的平衡。在设计股权激励方案时，要注意风险与回报相匹配，如果一个岗位需要面临更大的风险，那么该岗位的员工应获得更高的回报。风险与回报的对等能够更有效地激发员工的工作积极性。

（2）整体性原则

物质激励是主要的激励方式，分为基本薪酬福利、短期激励薪酬、长期激励薪酬三类，如表 2-1 所示。

表 2-1　物质激励的三大类

类型	具体内容
基本薪酬福利	依据员工完成的工作量或员工工作技能向员工发放薪酬和福利，基于基本薪酬和福利可进行其他薪酬性收入的计算
短期激励薪酬	与特定项目或一定期限内的目标挂钩，绩效工资、年终奖金都属于短期激励薪酬
长期激励薪酬	设计长期激励薪酬时，需要考虑人力资源市场的现状，为员工提供具有一定市场竞争力的薪酬

在设计薪酬时，要从全局出发，开展全面细致的市场调研，了解主要竞争对手的薪酬状况，合理地设置公司薪酬水平。员工薪酬由固定薪酬和浮动薪酬组成，为了达到激励员工的目的，员工的整体薪酬至少要与行业平均水平持平，条件允许的情况下应尽量做到超过平均水平。

固定薪酬和浮动薪酬组成了薪酬结构，薪酬结构的设计方案主要有三种，如表 2-2 所示。

表 2-2　薪酬结构的设计方案

方案	风险等级
基本薪酬福利和短期、长期激励薪酬与行业平均水平持平	中等
基本薪酬福利较低，处于行业平均水平以下；短期、长期激励薪酬相对丰厚，高于行业平均水平	高
基本薪酬福利较高，处于行业平均水平以上，短期、长期激励薪酬低于行业平均水平	低

　　低风险等级的设计方案薪酬下限高，同时薪酬上限低，高风险等级的设计方案则与之相反。公司应根据自身情况选择合适的薪酬结构设计，而薪酬结构也将是求职者选择公司时的重要参照。

（3）区别性原则

　　企业生命周期理论将企业发展划分为四个阶段，分别是创业期、成长期、成熟期、衰退期，在不同的发展阶段应采用不同的物质激励方式，如图 2-3 所示。

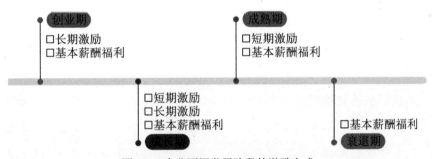

图 2-3　企业不同发展阶段的激励方式

　　从图 2-3 中可以看出，基本薪酬福利对企业来说非常重要，是保障企业正常运营的关键，因此无论企业处在哪个发展阶段都要重视基本薪酬福利。

● 创业期的企业发展潜力较大，适合实行长期激励，具体激励方式可选择合伙人机制和股权激励方案。

● 成长期的企业拥有较大的成长空间，同时已经积累了一定的经营利润，因此可以选择长期激励和短期激励相结合的方式。

● 成熟期企业的成长空间相对有限，保持良好的发展势头对于企业来说更为重要，因此需更加重视短期激励。有的成熟企业会采用模拟股权激励方案，由于企业已不具备长期增长的潜力，此方案实际使得短期年度奖金分配发生了转变，使后者变为长期股份分红的另一种形态。

● 衰退期企业首先需要应对经营方面的困难，受条件所限无法实施长期激励或短期激励，能做的只有保障基本薪酬福利，以此起到激励作用。

（4）个性化原则

根据组织、团队、个人的具体情况和特质选择合适的物质激励方式，实现激励效果的最大化。

长期激励适用于高管团队以及企业核心人才，制定激励方案时要考虑岗位所具备的价值以及激励对象的历史贡献。

短期激励的设计需要结合组织绩效和团队绩效。在组织层面，可通过制定年度利润分享计划的方式实行短期激励；在团队层面，可面向不同的团队设置对应的专项奖励，比如设置与项目开发团队对应的专项奖励为项目开发绩效奖。短期绩效激励需要经过两次分配，一次分配是到组织，二次分配是由组织分配到个人，二次分配需参考个人业绩。

基本薪酬福利的授予对象为全体员工，作为基础激励方式，其作用极为关键。如果员工的基本薪酬福利得不到充分保障，员工对公司的信任度会降低，也不利于长期和短期激励的实行。因此，针对基本薪酬福利，需完善相关制度并保证制度的有效实施，例如员工薪酬调整制度。

（5）公平性原则

物质激励的高低不是绝对的，而是相对的，物质激励的设计应以公平为要。

公平的物质激励要基于公司的发展和经营战略，根据岗位价值和员工绩效，构建物质激励体系，体现多劳多得的理念，对员工的付出给予相应的回报，使员工更加积极地投入工作中来，收获更好的激励效果。

（6）效用性原则

在设计物质激励体系时，要全面分析组织所处的内外部环境。外部环境包括政策法规、经济环境、行业现状等，内部环境则包括组织的规模、发展阶段、经营策略等。要基于环境分析使激励体系发挥出最大效用。另外，实现激励体系效用最大化，还要注意成本的控制，并在个人和组织之间实现利益和目标的协同一致。

另需明确的一点是，万能的激励体系是不存在的，需根据自身情况选择合适的激励体系，并且在环境发生变化时对激励体系进行及时的调整和优化，通过竞争机制的更新和技术的改良来保持激励体系的效用。管理者需全面考虑可能遇到的情况，时刻做好充足的准备，以对激励体系实施有效管理。

2.1.4　企业股权激励的设计要素

股权激励方案设计要考虑企业的发展周期，根据企业的实际情况选择合适的方法。具体来看，企业股权激励方案设计要重点考虑五大要素，如图 2-4 所示。

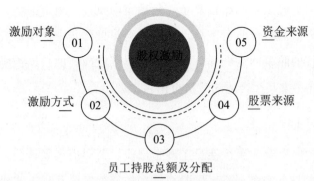

图 2-4　企业股权激励的设计要素

（1）激励对象

激励对象也就是股权的受益者，一般有三种设计方式。第一种是全员参与，主要适用于初创期；第二种是大多数员工持有股份，主要适用于高速成长期，目的是留住更多的人才，支持企业的发展；第三种是关键员工持有股份，受益者主要是管理人员和关键技能人员。

选择激励对象时要有一定的原则，并综合考虑企业的发展阶段、成员规模、行业特点等因素。

（2）激励方式

股权中长期激励可采用三类方法，一是股权类，二是期权类，三是利益分享类。每类方法都有优缺点和适用条件，无论采用哪类方法，企业都要在建立激励机制的同时创建约束机制，使股权激励真正发挥应有的作用。

（3）员工持股总额及分配

员工持股总额及分配指的是股权激励总量、被激励者应被授予的股权数量、用于后期激励的股票数量如何确定的问题。对于这些问题，公司要根据自己的实际情况确定股权激励总量，然后根据被激励者的职位和能力确定应授予多少股权。

（4）股票来源

上市公司的股票来源比较复杂，包括定向发行、股市回购、大股东出让和库存股票等，需要证监会审核，股东大会审批。其中，库存股票指的是公司将已经发行的股票回购一部分，根据股票期权或其他长期激励机制将股票储存起来，在将来某个合适的时机再出售。

（5）资金来源

一般来说，资金来源包括员工现金出资、公司历年累计公益金、福利基金、公司或大股东融资、员工用股权抵押的贷款。这几种方式操作起来都比较简单，但有些方式会产生支出，需要重复缴税。某些情况下，公司会支持员工出资购买，然后从工资中扣除相关费用，具体实践应以企业的实际情况和员工意愿为参考。

2.2 ❯ 股权激励模式选择与操作要点

股权激励是一种长期激励机制，指的是通过向员工分配部分股东权益的方式激发员工的主人翁意识，让员工参与到企业决策当中，与股东共担风险，共享利润，与企业形成利益共同体。由此可见，股权激励能够在一定程度上调动员工的工作积极性，增强员工对企业的认同感和归属感，进而达到企业与员工共赢的目的。

一般来说，企业在设置股权激励模式时需要充分了解相关法律法规，在遵循法律法规要求的基础上根据自身实际情况选择相应的股权内容，并对这些股权内容进行排列组合，确保股权对员工来说具有一定的激励性，能够推动员工加快实现既定目标。

2.2.1　期股

期股是一种报酬制度，也称"股份期权"，通常可分为两种形式，其中，一种是企业以"部分首付、分期还款"的方式授予激励对象股份；另一种是企业在激励对象任期内以各种方式授予其一定比例的股份，通常涉及激励对象的贷款、奖励等内容。

企业与激励对象达成一定协议后，激励对象可以在期股授权时按约定价格获得与首付对应的实股和约定倍数的期股，同时享有实股和期股的分红权、配股权，但企业不会授予激励对象投票权和处分权，也不会马上为其兑现这部分实股或期股。

（1）期股的操作要点

从实际操作上来看，激励对象需要根据双方既定协议要求分期购买期股所有权，购股资金主要来源于期股分红、实股分红、其他资产和现金。具体来说，当出现期股分红不足的情况时，需动用实股分红，若实股分红也不足以支付当前应付期款，激励对象还需利用其他资产或现金冲抵；当出现期股分红超过当前应付期款的情况时，激励对象可以将超出的这部分期股分红作为投资收益获得现金回报或当作下一年的期款；激励对象在协议约定的期限内利用分红支付完购股款项，就可以取得股份的完全所有权。

一般来说，期股大多具有一定年限的锁定期，企业需要在锁定期内对激励对象进行审计。若审计结果显示激励对象并无重大决策失误或弄虚作假等问题，激励对象就可以在锁定期结束时获得所有买入股份的股权，也可以通过治理公司来获取分红或通过转让股权来谋取利益。

期股激励在权利安排方面具有强制性的特点。激励对象与企业签订期股协议后，就说明要以分期付款的方式按约定价格买进有限制条件的股票，且必须在协议约定期限内尽最大努力提高企业的业绩水平和利润，以便获得足以支付所得期股对应价格的分红。

不仅如此，对激励对象来说，任职期限和业绩考核也具有较强的约束性。当激励对象在任职期内离职或未达到协议约定的业绩标准时，会被判定为违约，企业会按照协议中的要求取消激励对象的期股股权和收益，甚至将激励对象现金出资部分作为风险抵押金扣除。由此可见，期股能够将员工利益与企业利益牢牢地捆绑在一起，对员工具有更强的约束性，同时在长期激励方面的作用也十分突出。

（2）期股的适用范围

①处于竞争性行业中的非上市企业。期股要求激励对象出资，且具有较为严格的业绩考核要求和较重的违约责任，在增加激励对象的失败成本的同时也能够充分激发激励对象的潜力。对处于竞争性行业且成长性和人力资本依附性较强的非上市公司来说，选择期股激励能够有效增强对激励对象的约束。

②上市计划明确的非上市公司。这类公司会根据上市计划按时完成股份制改造，建立法人治理结构，且大多发展趋势较好，在股票发行后会出现股价上涨的现象。对这类公司来说，期股激励既可以推动激励对象努力工作，

提高企业的业绩和效益，也可以最大限度提升企业的凝聚力。

③经改制的国有资产控股企业和处于股改阶段的国有独资企业。在股份改革过程中，国有企业需要通过引进民间资本、优化资本结构和转换经营机制等方式来提高自身对市场经济发展的适应能力，以便获得更高的效益。对国有企业来说，可以将经营管理层等各级员工作为激励对象，并借助期股激励来调动激励对象的工作积极性，防止企业经营管理层在股改过程中出现问题，增强改革的稳定性，从而达到助力国有资产保值增值的目的。

2.2.2　干股

干股是一种企业无偿赠送的虚拟股，具有操作简单的特点。从本质来看，干股相当于经济利益的让渡或赠与，与所有权无关，也无须激励对象出资购买，企业授予激励对象干股后，激励对象可以按约定获得与干股比例相对应的净利润分红。

从企业实践方面来看，大多数干股授予都涉及岗位，分红的来源可分为部分股东赠与、全体股东赠与两种，企业可以根据自身实际情况选择是否增加赠与条件，激励对象若要获得干股就必须与企业签订相应的协议。

具体来说，干股难以将员工利益与企业利益长期捆绑在一起，企业授予激励对象的干股只能在一年内发挥激励作用，企业为激励对象兑现一年内的分红收益后，可能会出现激励对象离职的情况，此时企业不仅不能收回分红支出，还可能会因此影响现金流。由此可见，将干股作为激励工具的企业必须具有充足的现金流。但部分企业在使用干股工具的同时也综合运用其他股权激励工具取长补短，充分发挥各种股权激励工具的优势。

2.2.3　业绩股票

业绩股票是上市公司以长期激励性报酬的形式授予激励对象的股票，而非上市公司以长期激励性报酬的形式授予激励对象的股票通常被称为业绩股份。一般来说，当激励对象达到与企业约定的业绩指标时，企业需要为激励对象提供一定的奖励基金用于买进自身股票，也可以不使用奖励基金，而是直接授予激励对象一定数量的股票或股份。

业绩股票加强了激励对象的利益与企业的利益之间的联系，具有较强的激励作用，能够实现企业与员工共赢。业绩股票具有权责清晰、结构简单、可操作性强、政策限制少等诸多优势，授予和兑换的决定性因素为工作绩效，不受其他不可控因素影响，实施与否仅取决于股东大会的意见，是企业激励员工的重要工具，但同时也存在长期激励力度不足、激励成本高、业绩指标和业绩考核标准制定难度大等不足之处，难以广泛应用到所有类型的企业中。

具体来说，将业绩股票作为激励工具的企业应具备稳定的业绩、充足的现金流、合理的法人治理结构和完备的公司制度，不仅如此，若符合以上条件的企业恰好处于成长期后阶段或成熟期，将业绩股票作为激励工具往往能够获得更好的激励效果。

2.2.4　虚拟股票

虚拟股票是公司授予激励对象的一种虚拟形式的股票，在非上市公司中通常被称为虚拟股份。掌握虚拟股票或虚拟股份的激励对象享有分红权，也可以获得一定的股价升值收益，但由于股东权益不完整，因此不能参与决策，也不能将其转让或出售。若激励对象离开公司，其掌握的虚拟股票或虚拟股份也会随之失效。

虚拟股票的股权形式具有虚拟化的特点，结算方法为内部结算。对企业来说，用于分红的资金均来源于激励基金，由于市场具有较强的封闭性，因此还需要先为激励对象支付虚拟股票的溢价收益。在使用虚拟股票激励员工努力工作时，企业需要与激励对象签订合约，并在合约中标明所授予的虚拟股票的数量、兑现时间、兑现条件等各项相关内容。

从程序上来看，虚拟股票可以看作延期支付的奖金，激励对象可以按比例享受公司税后利润分配，但由于其并不是股票的持有者，因此不能享受普通股股东的权益，这有效解决了股权激励的来源问题，同时虚拟股票还无须变更登记，因此将虚拟股票作为股权激励工具可以在一定程度上降低操作难度。

虚拟股票的所有权、控制权、分红权、资本增值享有权互相独立，企业在授予激励对象虚拟股票时，激励对象仅享有分红权和资本增值享有权，不具备所有权和控制权，也就是说，虚拟股票相当于一种持股工具，能够为激励对象提供分红和资本增值收益。

具体来说，虚拟股票激励的操作要点如表 2-3 所示。

表 2-3　虚拟股票激励的操作要点

序号	操作要点
1	设立用于虚拟股票激励的专项基金，并明确各年度的提取金额
2	明确各年度的虚拟股份发放数量和初始股价
3	明确激励对象选择范围，了解各个激励对象在工作中的具体表现情况，并据此确定虚拟股票分配数量
4	设置合理的激励计划考核方式和虚拟股票兑现条件
5	在激励对象按约定时间达成虚拟股票兑现条件的情况下，企业需要基于真实股价来确定虚拟股票的兑现价格，并根据约定内容以现金的形式向激励对象发放相应的虚拟股份分红和资本增值收益，除现金外，企业还可以选择使用等值的股票或股份进行兑现，或同时使用现金与股票或股份为激励对象兑现分红和资本增值收益

以虚拟股票作为激励工具时，企业需要向激励对象支付虚拟股票的分红和溢价收益，这对现金流较少的企业来说具有较大的资金压力，现金流充足的企业更适合将虚拟股票作为股权激励工具。

2.2.5　延期支付

延期支付是一种与业绩紧密关联的激励工具，指的是企业将部分薪酬存入延期支付账户，并在达到既定期限后按股票的市场价为激励对象兑现。

具体来说，激励对象的薪酬主要可分为年薪、年终奖和风险收入三部分。

为了获得风险收入，激励对象需要达到风险收入指标，这一指标通常远高于年终奖的业绩指标。一般来说，若激励对象已达到该指标，那么企业就要按照当天股票的市场价将相应数量的股票存入延期支付账户中，并在达到既定期限后或激励对象退休后按照期满时的市场价将股票兑换成现金。大多数企业选择以5年为期或在激励对象退休后再进行兑现，由此可见，延期支付在员工激励方面具有较强的长期性，能够实现激励对象利益与企业利益的长期捆绑。

从具体实践上来看，延期支付方式可分为两种：一种适用于处于成长中后期或成熟期且业绩水平稳定的企业，这类企业可以与激励对象单独实施延期支付激励计划；另一种是综合应用包含延期支付在内的多种激励方式，这种方式具有灵活性强的特点，适用于大多数企业。企业可以同时使用延期支付和其他激励工具，确保股权激励计划具有长期性，比如，部分企业综合运用业绩股票与延期支付两种激励工具，将业绩奖励分为两部分，一部分可即时兑现，另一部分延期支付，从而实现短期激励与长期激励相结合。

2.2.6 限制性股票

限制性股票是上市公司常用的一种股权激励工具，而非上市公司激励员工所使用的与限制性股票同类型的股权激励工具通常被称作限制性股份。

限制性股票或限制性股份指的是企业根据目标提前设置条件，并按照这一条件低价或免费授予激励对象一定的股票或股份，但激励对象并不具备随时卖出限制性股票或股份的权利，只能在规定服务期限后或达成业绩目标后才能卖出限制性股票或股份，若激励对象在规定服务期限内离职或未达成业绩目标，企业将会无偿收回或低价回购事先授予激励对象的限制性股票或股份。

2006年，国务院国有资产监督管理委员会发布《国有控股上市公司（境内）实施股权激励试行办法》，该文件指出："在股权激励计划有效期内，每期授予的限制性股票，其禁售期不得低于2年。禁售期满，根据股权激励计划和业绩目标完成情况确定激励对象可解锁（转让、出售）的股票数量。解锁期不得低于 3 年，在解锁期内原则上采取匀速解锁办法。"

与股票期权相比，限制性股票的激励效果对资本市场的有效性较低。这主要是因为与其他股权激励模式相比，限制性股票具有业绩目标或股价的科学确定较为困难、激励与约束效果不对等、给企业带来的现金流压力较大等缺点。但同时限制性股票也具有激励周期长、约束性强和不易受市场因素变化影响等特点，因此能够在上市公司和非上市公司中均发挥重要作用。

2.2.7　股票增值权

股票增值权在原理上与虚拟股票十分相似，在落实激励计划的过程中，企业需要免费授予激励对象股票增值权，并在兑现时以现金、股票或现金与股票相结合的形式向激励对象支付股票增值产生的收益。

从本质上来看，股票增值权激励也相当于奖金延期支付，对股票的所有权和控制权没有影响，且无须经过证监会的审批，也不需要进行工商变更登记，只需股东大会通过即可，实际操作的难度和复杂度较低。

股票增值权激励能够增强激励对象与企业在利益上的联系，激发激励对象的工作积极性，进而达到提高业绩水平和股票价值的效果。不仅如此，股票增值权的兑现期大多超出激励对象任期，因此激励对象与企业的利益捆绑具有较强的长期性，这对激励对象的行为具有一定的约束作用。

2.3　实股激励与虚拟股权模式比较

2.3.1　实股激励与虚拟股权的概念

股权激励是公司经常使用的一种面向人才的激励机制，旨在留住人才，使其愿意为公司长期效力。股权激励所使用的股份有虚拟股份和注册股份两种，由此形成了实股激励和虚拟股权两种激励模式。

（1）实股激励

实股即实际股权，其股权特征与《中华人民共和国公司法》的规定一致。凭借实股，持股者将获得公司所有权、决策权、投票权等各项权利，并且能够根据股票取得股息和分红。取得实股需办理相应的工商登记备案手续，从法律层面上讲，实股的性质为公司股权，由《中华人民共和国公司法》对其进行调整。

实股的获取方式主要有两种，一是公司原股东的股权转让，二是采用增资控股的方式接纳新股东。如果公司使用实股进行股权激励，那么通常情况下会以较低的价格将股权转让给员工，或实施股份的定向增发。实股激励有助于员工主人翁意识的形成，在员工成长与公司发展之间建立紧密联结。

（2）虚拟股权

我国现行法律法规并未给出虚拟股权的定义，关于定义问题可参考规范性文件和行业规范。据《中华全国律师协会律师办理风险投资与股权激励业务操作指引》，虚拟股票为公司发放的虚拟形式的股票，持有虚拟股票的激励对象能够取得分红，也可以通过股价上涨获取收益，不过持有虚拟股票的激励对象无法取得公司所有权和投票表决权，也无法将股票转让或出售，并且当其退出公司时，股票将自动失效。

综上，从公司处获得虚拟股权后，激励对象可拥有利润分配权和股权增值收益权，而不会被赋予知情权、投票表决权等权利，在此过程中公司将保持原有的股权结构和控制权。此外，激励对象在获取虚拟股权时并不需要付出资金，或者只需要象征性地付出资金。

2.3.2 实股激励与虚拟股权的区别

实股激励与虚拟股权的区别主要体现在以下几个方面，如表 2-4 所示。

表 2-4 实股激励与虚拟股权的区别

项目	实股激励	虚拟股权
股权性质	赋予了员工股东的身份，员工将获得表决权等股东权利	员工只拥有利润分配权和股权增值收益权，不享有公司所有权、表决权、知情权等股东权利
激励方式	员工需要出资，且会成为公司财务风险的承担者	员工不需要出资，不会受公司财务风险影响
税收待遇	员工需缴纳个人所得税以及资本利得税	员工需缴纳个人所得税
管理方式	需办理工商登记	管理权归公司所有，不必进行工商登记

（1）股权性质不同

实股是真正的股权，获得实股后，员工将获得表决权等股东权利。虚拟股权不是真正的股权，而只是虚拟形式的股权，持有虚拟股权的员工只拥有利润分配权和股权增值收益权，不享有公司所有权、表决权、知情权等股东权利。由此可见，与虚拟股权相比，实股激励赋予了员工股东的身份，能够提升员工对公司的归属感和认同感，取得更好的激励效果。

（2）激励方式不同

员工需要出资才能获得实股，资金来源一般是现金或等值股份。接受实股激励后，员工将获得股东身份，成为公司财务风险的承担者，这意味着公司亏损将波及自身。与此不同的是，员工不需要出资便可获得虚拟股权，因此不会受公司财务风险影响。此外，虚拟股权具有合约的性质，激励要素的设置拥有比较高的灵活性，可以有效地控制激励成本。

（3）税收待遇不同

实股激励产生的员工分红是真正的分红，因此除个人所得税外还应缴纳资本利得税。从本质上讲，虚拟股权是一种利润分享计划。员工通过虚拟股权取得的分红实际是其薪酬的组成部分，而不是法律意义上真正的"分红"，所以在税务问题上，这笔分红应被视为综合所得，员工需为此缴纳个人所得税。

（4）管理方式不同

实股激励需办理工商登记，并且员工能够买卖或转让股权，条件是未处于限售期且考核通过。虚拟股权不必进行工商登记，管理权归公司所有，并且员工无法进行股权的买卖。

2.3.3 实股激励与虚拟股权的优劣

（1）实股激励的优劣势

实股激励的优劣势如表 2-5 所示。

表 2-5　实股激励的优劣势

优劣势	具体内容
优势	①使员工对公司产生更强的认同感和归属感。 ②加深员工利益和公司发展之间的联系。 ③使公司的资金来源得到扩充。 ④激励所用的股权由持股平台持有，GP（普通合伙人）负责对股权实施集中管理，由此实际控制人（实控人）得以保持公司控制权。 ⑤在司法实务中，实股激励的激励对象离职导致的纠纷一般被认定为商事合同纠纷
劣势	①员工需付出资金来获得实股，资金来源有可能成为问题，有时需要从实控人处借款。 ②公司的股权结构将发生变动，使原股东的利益受到影响，例如股权被稀释。 ③工商变更登记要在员工的参与和配合之下才能进行，增加了程序的烦琐程度，如果员工拒绝配合，则公司的股权安排将受到负面影响

（2）虚拟股权的优劣势

虚拟股权的优劣势如表 2-6 所示。

表 2-6　虚拟股权的优劣势

优劣势	具体内容
优势	①不需要进行工商变更，在操作上具有较强的灵活性。 ②员工拥有的权利只包括利润分配权和股权增值收益权，不具备公司股东的身份，公司的股权结构不会受到影响。 ③原股东或实控人的控制权不会受到影响。

续表

优劣势	具体内容
优势	④股权来源方面不存在问题，无须进行转让和增资，原股东的股权不会被稀释
劣势	①员工只能在短期内得到现金收益，而无法拥有股东权利，不能很好地实现长期激励。 ②分红和股权增值收益的主要来源是公司利润，这需要公司拥有较为充足的现金流，能够满足集中兑现的需求。 ③通常情况下员工不需要出资，员工利益和公司发展之间无法形成联系，也就无法达到很好的激励效果，而当员工出资时，又要面对出资款名目的问题。 ④在司法实务中，虚拟股权的激励对象离职导致的纠纷一般被认定为劳动合同纠纷

2.3.4　企业如何选择股权激励模式？

对于企业来说，股权激励是一种较好的激励员工的方法，有助于调动员工的积极性。作为激励的对象，每名员工所处的层级、所具备的特质不尽相同，在实践中企业应该根据不同激励对象选择合适的股权激励方式。下面从五个维度出发，对企业股权激励的模式选择进行分析，如图 2-5 所示。

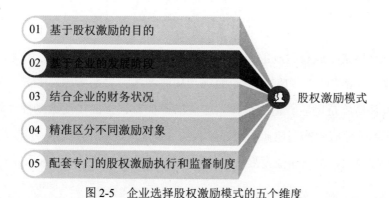

图 2-5　企业选择股权激励模式的五个维度

（1）基于股权激励的目的

企业所采取的股权激励措施应与股权激励目的相匹配，如果措施不符合目的的需要，就会对企业经营造成负面影响。举例来说，如果企业将股权激励目的定为降低成本，在选择激励措施时就需要注意控制现金报酬的数额，比如采用限制性股票、员工持股计划等不会造成太大现金压力的激励模式，干股、虚拟股票等需用到较多现金的激励模式在此目标下是不适用的。

较为常见的股权激励目的及其对应的股权激励模式如表2-7所示。

表2-7　基于股权激励目的的模式选择

股权激励目的	核心内容	股权激励模式
吸引、留住核心人才	增强对行业内人才的吸引力，或留住公司现有的核心人才，使其愿意为公司长期效力	限制性股票、期股、延期支付
提高业绩	调动员工的工作积极性，实现业绩的提升，而业绩的提升又将促进员工积极性的提高，从而建立良性循环	业绩股票、股票增值权、虚拟股票
平衡岗位	通过平衡岗位，回报老员工长期以来的付出，同时有的岗位已不适合老员工，需将其分配给年轻员工，做到人尽其才	限制性股票、延期支付
降低成本	将股权激励与薪酬制度相结合，从员工工资入手减少公司的现金支出	限制性股票、期股、员工持股计划

（2）基于企业的发展阶段

在不同的发展阶段，企业对于人才有着不同的需求，面临不同的业绩压力，与此相关的股权激励的必要性和目的会存在差异，相应地，需采取不同的股权激励措施。以初创型企业为例，从业绩压力层面考虑，干股、虚拟股票等激励措施是比较合适的选择，这些措施拥有较强的短期激励性，能够帮助企业更好地应对初创期业绩压力较大的局面。

具体来说，基于企业发展阶段的股权激励模式如表2-8所示。

表2-8　基于企业发展阶段的股权激励模式

发展阶段	阶段特点	股权激励模式
初创期	需要提升业绩，吸引和留住人才，拓展市场	干股、虚拟股票
发展期	有一定的现金流，需要留住人才	限制性股票、延期支付、员工持股计划

续表

发展阶段	阶段特点	股权激励模式
成熟期	不仅要吸引人才，同时要增强约束力，而且需要考虑不同激励对象	结合公司战略采取多种模式，且区分对象
稳定期	更注重股权激励的长期性	限制性股票、期股、员工持股计划

（3）结合企业的财务状况

在选择激励模式时，企业需结合自身的财务状况进行考虑，特别是企业的现金流情况。干股、虚拟股票等激励模式对现金流要求较高，因为它们采用的是分红的方式，如果企业的现金流并不充足，选择以上模式时就需要谨慎考虑，或者选择期权、限制性股票等激励模式，这些模式不会对现金流造成太大压力。

（4）精准区分不同激励对象

有些情况下，实行企业股权激励时需将多种模式结合在一起，同时还要对激励对象进行精准区分，根据激励对象的不同选择合适的激励模式。激励对象的不同体现在所处层级、职位重要性、企业贡献程度等多个方面。

（5）配套专门的股权激励执行和监督制度

完善的激励方案是促使股权激励成功的一项关键因素，激励方案形成后，还需要在执行过程中根据具体的问题和需求对其进行调整。此外，需针对激励方案建立配套的执行和监督制度，从而为方案的实施提供坚实保障，通过方案与制度的配合最终成功实现股权激励。

2.4 【案例】企业股权激励工具操作解析

2.4.1 特斯拉：多元化激励工具

特斯拉是电动汽车和自动驾驶汽车领域的头部企业，拥有较强的技术实力，并深受资本市场的青睐。管理层的决策和服务，以及技术人员的研发，都是促使特斯拉取得成功的重要因素，而这些因素的产生在很大程度上要归功于特斯拉实行的股权激励计划。

特斯拉于 2010 年 6 月在纳斯达克上市，在招股说明书中可获悉其股权激励计划。对于还未完成上市的科技企业来说，特斯拉的股权激励计划具备一定的借鉴意义。

经过董事会通过和股东会批准后，特斯拉的股权激励计划于 2010 年发布并实施。股权激励计划由董事会负责管理，此外管理者也可以是依法得到授权的专门委员会。激励对象有董事、顾问和普通员工，他们来自本公司或者母公司和子公司。特斯拉的激励模式有股票期权、股票增值权、限制性股票、限制性股票单位、绩效股票和绩效单元五种，下面将分别介绍这五种模式。

（1）股票期权

股票期权分为激励型股票期权（Incentive Stock Option）和非法定股票期权（Non-Statutory Stock Option）。激励型股票期权不需要激励对象缴纳个人所得税，并且该期权的授予对象只包括员工，不包括外部董事和顾问。股票期权的行权价至少要与期权授予当日的公司股票市场价格相一致。

管理人拥有期权支付方式以及其他条款的决定权，常见的支付方式有现金、股票，也可以选择采用其他方式。

协议文件中会包含行权有效期，如果激励对象停止为公司服务，则可在有效期内行权。如果停止服务的原因为死亡或者伤残，则有效期为 12 个月；如果由于其他原因停止服务，则有效期为 3 个月。有效期的长度上限为 10 年。设定行权期限、要求尽快行权，可以降低企业的财务成本。

股票首次公开发行后，非员工董事可以自动获得一定数量的股票期权，这些期权将逐步解锁，一年后解锁总数的 25%，随后的三年内，在总体解锁速度不变的情况下，解锁周期将从年改为月，即每月解锁总数的 1/48。特斯拉的"悬崖式"解锁有助于筛选和留住人才，广泛应用于硅谷的初创科技企业。

（2）股票增值权

从授予日到行权日，股票的市场价格会增长，在特斯拉 2010 年的股权激励计划中，股票的增值部分将作为对激励对象的奖励，支付时可采用现金、股份或两者结合的方式。股票增值权基准价至少应当与授予日的股票市价相等。授予日和行权日由管理人决定。

（3）限制性股票

据特斯拉股权激励计划，如果激励对象达成了一定的业绩目标，或是为公司持续服务达到了一定的年限，可以解锁限制性股票。解锁条件的达成时间可以缩短，具体由管理人决定。常规情况下，限制性股票将赋予激励对象分红权和表决权，而管理人也可针对激励对象权利另作规定，另外，转让限制条款和没收条款会对激励对象产生约束。计划期满后，公司将收回未解锁的限制性股票。

与股票期权相比，限制性股票带有业绩考核的性质，被授予限制性股票的激励对象将拥有股东身份，享有分红权和表决权，同时也将承担股价下跌带来的风险。

（4）限制性股票单位

公司向激励对象发出承诺，在一定的期限内授予其一定数量的公司股票，这就是限制性股票单位。在美国硅谷，企业的限制性股票单位通常要经过四年的时间完成释放，激励对象为公司服务满一年后，限制性股票单位的解锁频率为每三个月一次，并且结算时可采用非权益方式。还未上市但拥有较高估值的公司适合采用此种激励模式，与股票期权相比，它的优势在于无行权费用，不过在美国的现行法律下其税负更高。

特斯拉每一份限制性股票单位的金额与公司普通股的市价是相同的，根据管理人的规定，当激励对象达成一定业绩目标，或是为公司持续服务一定年限后，可以解锁限制性股票单位，且解锁条件并非固定，可采用股票或现金结算，也可以是两者的结合。

（5）绩效股票和绩效单元

激励对象达成长期性的业绩目标后可得到一定数量的绩效单位，经过特定的期限后，单位的部分价值或全部价值将归激励对象所有，此即绩效股票（Performance Share）和绩效单元（Performance Unit）。激励对象所获得的具体收益受业绩完成情况的影响，此外还与股价变动有关。

根据特斯拉的股权激励计划，激励对象完成目标将被授予绩效股票和绩效单元，具体的数量和价格取决于目标的完成程度。目标包括组织目标和个人目标，制定者为管理人。授予完成后，管理人可对业绩条件进行调整，根据实际情况增减行权限制。绩效单元价格的确定应在首次授予日到来之前完成；绩效股票价格以授予日普通股市价作为参考，与后者保持一致。支付方式与其他激励模式相同，可选择采用现金、股票支付或两者结合的方式。

绩效股票和绩效单元以业绩目标作为授予条件，与计划中的其他激励模式相比灵活性更强，因此其激励对象可包含普通的技术员工。

综上，期权在特斯拉的薪酬中占据了很大一部分比重，这可以帮助特斯拉节省现金流，有效地应对长期亏损的局面，此外期权的作用还体现在能够为员工创造长期升值空间。

2.4.2 光明乳业：限制性股票

光明乳业集团是一家产权多元化的股份制上市公司，主营业务涉及乳和乳制品、营养保健食品等多项内容，是我国知名的乳制品生产、销售企业。

2010年，光明乳业依据相关法律法规和规范性文件制定了《A股限制性股票激励计划》，并不断对该计划方案进行优化调整，最终该计划的草案修订稿及相关提案在第二次临时股东大会上审议通过，并获得了证监会和上海国资委的批准。

同年，光明乳业收到《证券变更登记证明》，正式完成限制性股票登记手续，开始落实股权激励计划。该计划的激励对象共有 94 人，涉及高层管理人员、中层管理人员、核心营销人员、核心技术人员和管理骨干等多个层级、多个部门的员工，限制性股票授予数量高达 7,300,800 股（占公司总股本的 0.700%），授予价格为 4.70 元 / 股，涉及的股票种类为 A 股普通股。激励计划有效期为自授予日（2010 年 9 月 27 日）起的 48 个月，分三期解锁，若达到解锁条件，激励对象可分三次申请解锁，自授予日起 24 个月后、36 个月后、48 个月后可申请解锁授予限制性股票总量的 40%、30%、30%；若未达到解锁条件，当年不予解锁，企业会在当期解锁日后按授予价格对未解锁的限制性股票进行回购和注销处理。

在获授限制性股票方面，光明乳业设置了与业绩相关的解锁条件。具体来说，在第一个解锁期，要求 2010 年的营业总收入不低于 94.80 亿元，净利润不低于 1.90 亿元，2011 年的营业总收入不低于 113.76 亿元，净利润不低于 2.28 亿元，且净资产收益率不低于 8%，扣除非经常性损益的净利润在净利润总体中所占的比例不低于 85%；在第二个解锁期，要求 2012 年的营业总收入不低于 136.51 亿元，净利润不低于 2.73 亿元，净资产收益率不低于 8%，扣除非经常性损益的净利润在净利润总体中所占的比例不低于 85%；在第三个解锁期，要求 2013 年的营业总收入不低于 158.42 亿元，净利润不低于 3.17 亿元，净资产收益率不低于 8%，扣除非经常性损益的净利润在净利润总体中所占的比例不低于 85%。

在授予限制性股票方面，光明乳业也设置了几项与业绩相关的条件。首先，要求 2009 年的营业总收入不低于 79 亿元，且母公司所有者得到的净利润不低于 1.2 亿元；其次，要求 2009 年的加权平均净资产收益率不低于 4.3%；最后，还要求 2009 年扣除非经常性损益的净利润在净利润总体中所占的比例不低于 75%。

这一激励计划的落地为光明乳业的发展提供了强有力的保障，同时也有效减轻了营收波动和净利润增速波动，帮助光明乳业实现了稳定盈利，连续 3 年成功达成业绩目标。

2.4.3　文光集团：身股分红方案

天津文光集团是天津市知名五金连锁经营企业，主营产品涉及五金、化工、机电、电料、工具、水暖六个领域，品类有两万余种。随着其他五金销售连锁企业在天津地区的布局发展，天津文光面临的市场竞争日渐激烈，金融危机的到来也对企业的经营情况造成了影响，导致企业难以提升销售额，成本支出不断上升，员工出现消极怠工等问题。为了有效应对危机，将企业经营拉回正轨，天津文光开始推进股份制改革工作，只保留26个在经营方面问题较轻的门店，并确立二级管理的独立核算模式，制定超额利润身股分红方案，将上一年的利润作为基数，若未能盈利，该基数则记为零，若存在超额利润，则将这部分利润按照4：4：2的比例分别分配给公司、店长和员工。这一改革措施既符合公司的实际情况，操作难度也比较低，有效改善了经营状况，在短短几年内就大幅提高了经营利润。

此后，天津文光继续推进股改计划，制定并实施新的股改方案，不断对激励方式进行优化调整，同时将功劳身股融入自身的股权激励方案当中，按照各个门店的利润基数设置功劳身股的分红比例，为利润较高的门店的店长提供超额身股分红和一定的功劳身股，提高激励力度，充分调动店长的工作积极性。不仅如此，天津文光还继续开发新门店，并在后期实施银股，鼓励员工创业，授予新店店长20%的股份。若门店开始盈利，还会再授予店长10%的股份，若门店处于亏损状态，则只为店长发放基本工资，待门店盈利后再发放出资部分实股分红以及综合功劳身股和超额身股两项激励措施的分红，从而借助股权激励加快规模扩张速度，抢占更多市场份额。

在股权激励方面，天津文光综合运用了干股激励和实股激励两种激励手段，并通过管理层激励与员工激励相结合的方式提高了店长和员工的工作积极性，激发了店长和员工的工作动力，同时也借助二级管理与分级核算架构为自身的经营发展提供了强有力的支持，全方位提高了自身的品牌价值。

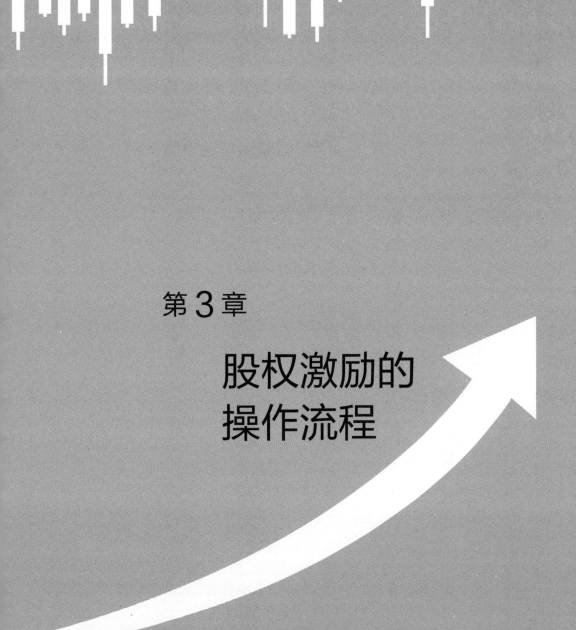

第 3 章

股权激励的
操作流程

3.1 ⊙ 定对象：确定股权激励的对象

3.1.1 股权激励对象的核心范围

在实施股权激励计划之前，公司需要先完成一系列准备工作，如明确激励对象的范围和筛选标准、探索筛选标准制定方法、制定岗位贡献衡量标准等，其中，确定激励对象是整个股权激励计划的重点。

一般来说，大多数公司会选择在公司中发挥重要作用的员工为股权激励对象，如业务团队负责人、非业务团队负责人、技术核心团队、职业经理人等。

（1）业务团队负责人

业务团队负责人掌握着许多行业资源，为了保证业务团队负责人的可靠性和稳定性，企业可以利用虚拟股权对其进行股权激励。在实施虚拟股权激励时，企业无须进行股权支付，只需按照激励份额向激励对象分配部分利润，从实际操作上来看，企业需要向业务团队负责人阐明其无须承担股东义务，但享有分红权，可以分享企业经营所得利润。

（2）非业务团队负责人

除业务团队负责人外，企业还需对非业务团队负责人进行股权激励。一般来说，对业务团队负责人的股权激励需要综合考虑其对公司业绩的贡献情况，按照贡献情况来确定股权数额；对非业务团队负责人的股权激励能够在一定程度上防止其出现心理落差，避免出现各部门负责人内斗、内耗等严重问题。

对企业来说，协同推进对业务团队负责人和非业务团队负责人的股权激励有助于稳定企业内部各方人员之间的关系，让各个部门能够顺利执行各项工作，减少内耗。

（3）技术核心团队

对互联网创业公司或以技术为核心优势的企业来说，首席技术官（Chief Technology Officer，CTO）和核心技术骨干人员都是其经营和发展过程中不可或缺的人才。为了自身的技术安全和长远发展，企业需要加大对核心技术人员的股权激励的重视程度，拟定合理的股权激励对象名单，除 CTO 外，也要全方位考虑对其他核心技术人员的股权激励计划安排，防止出现核心技术人员流失等问题。

（4）职业经理人

一般来说，在处于初创阶段的中小型企业中，所有权与经营权高度统一。在企业发展过程中，企业可能会安排职业经理人代为经营，进行经营权转移。

职业经理人在经营企业的过程中可能会制定与原始股东不同的目标和决定，为了确保决策的前瞻性和企业发展的可持续性，企业可以充分发挥股权激励的约束作用，将职业经理人的利益与企业的利益挂钩，充分激发职业经理人的工作积极性和潜能，促使其在做出任何决定前都会考虑对企业长期发展的影响，同时股权激励也能够在一定程度上实现对其短视行为的约束。

3.1.2　激励对象选择的考量因素

在选择激励对象时，企业需要在明确选择范围的基础上综合考虑以下几项因素，如图 3-1 所示。

图 3-1　激励对象选择的考量因素

（1）任职的岗位与职责

企业需要对员工的岗位、职责以及在企业运营和战略实施中的重要程度等进行分析，并根据分析结果找出对业绩和企业发展影响较大的关键岗位人员，如董事、高管等，优先为这部分员工提供股权激励。与此同时，也要找出对企业经营状况影响较大的员工，如核心技术人员、核心业务人员等，并将这部分员工作为激励对象，激发这部分员工的潜能。不仅如此，还要将执行层的员工作为备选的激励对象，提高员工工作的积极性和主动性。

（2）对公司的贡献和价值

公司需要评估员工绩效，衡量员工在公司未来发展中的贡献和价值，并据此选择激励对象，促使这部分员工充分发挥工作潜能。与此同时，公司也可以对员工的历史贡献和价值进行评估，将对公司有重大历史贡献和价值的员工作为激励对象，将股权激励作为其努力工作的回报，以便达到树立标杆的效果，鼓励其他员工向其学习，激发整体员工的工作动力。

（3）忠诚度和稳定性

股权激励具有长期性的特点，激励对象具有一定的示范作用。为了确保激励效果，公司在选择激励对象时需要充分考虑其对公司的忠诚度和在公司任职的稳定性。

具体来说，在衡量员工的忠诚度和稳定性时，公司可以将工作年限、日常工作态度以及对企业战略和文化的认同度等作为参考。对公司来说，部分员工离职可能会对自身的经营发展造成较大影响，因此，为了提高这部分员工的稳定性，需要借助股权激励来将其与公司捆绑到一起，降低其离职的可能性。

（4）员工个人的激励需求

激励方式是影响激励效果的重要因素。一般来说，现金流需求较高、资金压力较重的员工出资购入股权的可能性较低，企业难以通过股权激励达到预期的激励效果，需要以绩效奖励等方式激励这类员工努力工作；而对短期经济利益要求较低、渴望归属感和荣誉感的员工则是公司有效实施股权激励的重要对象，企业可以通过股权激励来激发这类员工的工作积极性，达到良好的激励效果。

由此可见，在选择激励对象时，企业需要先加强与员工之间的沟通交流，充分了解员工的实际情况和对激励方式的需求。

3.1.3　股权激励对象的人数确定

在确定选择范围和人员类型的情况下，企业可以确定股权激励对象的初步名单，并综合考虑以下几项因素，对激励对象的人选进行合理调整，再进一步确定最终名单。

（1）人数占比不宜过大

当股权激励对象人数过多时，可能会出现部分员工认识不到自身努力的重要性的情况，导致员工工作动力不足，归属感减弱。当股权激励对象人数较少时，每个激励对象可获得的股权份额相对较大，激励效果也更加集中、更加突出，能够有效增强激励对象的工作积极性，不仅如此，选择少量员工作为激励对象还有助于提高合作关系的紧密性，增强激励对象的责任感、使命感和归属感。

在确定激励对象的人数和比重时，受行业特点差异性的影响，企业通常需要综合考虑多项相关因素。一般来说，劳动密集型、组织架构复杂度较低的制造行业公司可以通过增加普通一线员工的基础工薪，提高这些员工的工作动力和创造力，而股权激励对这类员工的激励效果相对较差，并非实施员工激励的首选；人力资本型、行业竞争力大的传媒行业公司需要通过股权激励将员工的利益与公司利益绑定，防止人才流失。

（2）层级和部门维度达到相对平衡

公司需要通过平衡激励对象分布来保证内部利益分配的公平性，防止因激励对象人数过于集中导致员工矛盾。具体来说，平衡的激励对象分布可以全方位激发不同层级和部门员工的工作积极性，为公司进一步优化组织结构和运营流程以及实现全面发展提供支持，同时也能够在一定程度上为公司的人才育留工作提供支持，提高公司对员工的吸引力，增强公司的人才发掘能力。

（3）符合相关法规的要求

根据现行《中华人民共和国公司法》的规定，股份有限公司的发起人应在 2 人以上，200 人以下。公司的激励对象人数与既有股东人数之和应控制在相关法规限制范围以内，若超出这一范围，还需通过设立持股平台的方式将所有激励对象计为一名股东。除此之外，股东人数穿透后是否超过 200 人也是证监会的关注重点，也就是说员工持股平台需要根据相关法律法规进行穿透，但也有部分员工持股平台无须穿透，这些平台大多符合证券法律规定和全国中小企业股份转让系统的相关规则。

3.1.4 股权激励对象的条件设置

公司实施股权激励的最终目的是将作为雇佣对象的员工转化为公司利益共同体中的一员，缓和员工与公司的对立关系，实现二者目标统一，从而更好地激发员工的生产积极性，让员工与公司风雨与共。而股权激励条件的设立以及股权激励的分红性质也能够对员工起到一定的约束作用和持续的拉动作用，让员工为了获得更多的利益分红而持续努力。

因此不难看出，股权激励条件是确保股权激励能够达到预期效果的关键，设立激励条件，能够帮助企业筛选出对其发展价值最高的员工群体，提高股权激励的精准性和有效性，同时股权激励条件还能够起到一定的约束作用，有助于提高员工工作的自觉性。所以，在制定股权激励框架时，需要做好激励条件的配套工作，即通过设定目标、达成目标、激励兑现这一流程将股权激励与公司的实际发展挂钩，明确激励对象取得股权与行权的条件。

关于股权激励对象的条件，上市公司与非上市公司的设置要求也有一定的区别。

（1）上市公司设置激励条件

按照《上市公司股权激励管理办法》的指导，上市公司应当明确授出权益、激励对象行使权益的条件。若激励对象为董事或高级管理人员，上市公司应当设置一定的绩效考核指标，指标涉及的内容包括公司业绩指标和激励对象个人绩效指标，只有激励对象达到绩效指标并满足公司制定的其他激励条件时，才能够获得激励，行使相关权益。其中，公司业绩指标可以参照公司的历史业绩或同行业规模与业务对标公司的业绩指标进行设定，激励对象的个人绩效指标则由上市公司结合岗位与公司发展情况自行确定。

（2）非上市公司设置激励条件

相较于上市公司，非上市公司在股权激励条件的设置方面更为灵活，具体体现在以下几个方面。

①指标类型。上市公司的业绩指标以财务类指标为主，而非上市公司的激励条件在财务指标之外还包括内部运营类指标、客户类指标等各种非财务指标，基本实现了对绩效管理各方面的全覆盖，因而对员工的考察也就更为全面彻底。

②获授股份比例。上市公司股权激励条件中对拟授出的股票总量有着明确规定，要求其总量应控制在有效期内总股本的 10% 以内，单个激励对象获授的股票总量则应控制在总股本的 1% 以内。非上市公司在实施股权激励时不采用此比例对获授股份比例进行限制，而是更多地综合公司所处发展阶段、创始股东的公司控制权、激励力度等多个方面进行考虑。

③动态调整。一般来说，上市公司股权激励的实施路径往往是直接授予激励对象一定数量的股票或赋予其对股票的认购权利，激励对象满足公司指定的激励条件后即可行权。非上市公司在这方面的操作具有更强的机动性，将业绩条件与激励模式进行对标，不同的业绩条件分别对应虚拟股、虚拟受

限股、实股等模式，同时能够结合绩效情况按比例授予股票或部分行权，超额完成目标后还可以进行增发，大大提升了激励效果。

3.1.5 股权激励条件设置的原则

公司股东在实施员工股权激励、制定激励对象的考核条件时，需要在一定原则的指导下进行。股权激励条件设置的原则如图3-2所示。

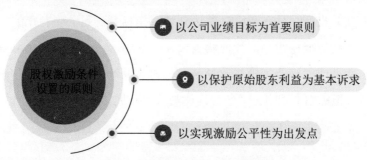

以公司业绩目标为首要原则

以保护原始股东利益为基本诉求

以实现激励公平性为出发点

股权激励条件
设置的原则

图 3-2　股权激励条件设置的原则

（1）以公司业绩目标为首要原则

无论公司处于何种发展阶段，实施股权激励都是为了实现持续的价值创造，即使对于部分公司来说，实施股权激励是出于对当前业务抗风险能力的考虑，但从根本上来看，实施股权激励的目的最终统一于公司价值增益的最大化与持续化。

在这样的短期及长期目标的统领下，为了确保股权激励的有效性以及目标的实现，公司在设立激励条件时应注意长期目标与短期目标的结合，目标至少要辐射未来3～5年甚至5～10年的发展，同时要结合目标实施要点打造配套的激励考核体系。

（2）以保护原始股东利益为基本诉求

实施股权激励，不论是通过增加投资发行新股还是直接进行股权转让，本质都是对原始股东权益的稀释。以期权激励为例，公司通过设定购股期限，期限条件被触发后，激励对象即可以特定的价格购买规定数量的股份。对于激励对象而言，只有达到购买期限后，行权价格低于实际股价，个人才能真正获利，而这一过程是在股东让渡个人利益的基础上实现的。此外，一些原始股东采用净资产价格对员工进行激励，这本质上也是出于让员工收益最大化的考虑。

原始股东让渡个人利益的根本原因固然是希望能够进一步推动公司发展，以便更长久地获取更大的利益，但在股权激励过程中也应注意对其权益的保护，对激励对象设置一定的条件，使股权激励能够兼顾原始股东的利益诉求。

（3）以实现激励公平性为出发点

由于各种条件限制，企业往往无法一步到位设计出绝对公平的股权激励体系，但是通过长时间的发展与调整，却可以使其在发展过程中无限趋近于公平。

长期动态优化的股权激励模式之所以能够越来越广泛地被各类企业采用，主要是因为该模式下的动态优化理念涉及股份数量、股份价格、激励对象和股东收益等关键要素与关键主体，通过在不同的环境与发展态势下对上述主体和要素进行不同程度的调整，始终使股权激励处于动态稳定之中，为各方提供与当时环境最为匹配的利益分配模式。

为了更好地保证动态优化理念在股权激励计划中的贯彻，在股权激励方案设计层面应综合多方面条件进行考虑，同时提供配套的价值评价与价值分配机制作为保障。具体来说，可归纳为四点：一是满足哪些条件可以成为激励对象，二是在实施过程中出现哪些情况需要新增配股，三是在何种情况下需要减持股份甚至取消激励资格，四是股东收益兑现需要满足哪些条件。

只有设置科学可行的股权激励方案，在长时间实践中不断对激励方案进行优化完善，才能够不断提升股权激励的公平性，实现相对公平向绝对公平的靠拢，真正让股权激励获得公司内部成员的认同，发挥应有的激励作用。

3.2 ◇ 定模式：选择合适的激励模式

3.2.1　企业选择股权激励模式的原则

为了选出符合自身实际情况的股权激励模式，企业需要先了解各种模式的内容、优势和不足。对企业来说，应按照以下几项原则选择股权激励模式，如图3-3所示。

目标导向原则　　　　　　　　　　　　　动态调整原则

多样化原则　　　　　　　　　　　　　最优成本原则

图3-3　企业选择股权激励模式的原则

（1）目标导向原则

不具备明确目标的股权激励模式难以有效促进企业发展。为了充分发挥股权激励的作用，企业需要明确自身实施股权激励的目的和需要解决的问题，并以这一目标为导向，进一步确定股权激励模式，防止出现股权激励模式与实际目标不符的情况。

（2）多样化原则

企业应充分了解自身实际情况，广泛采集各个激励对象的特点等信息，并据此选择多种股权激励模式。具体来说，若激励对象为公司的经营者和高管，企业可以选择限制性股票、业绩股票等股权激励工具，激发激励对象的工作热情，同时也对其进行约束；若激励对象为普通员工，其个人工作和收入与企业整体业绩之间的关联性相对较低，仅靠股权激励难以达到企业预想的激励效果，企业可以通过设置期股或让员工购股的方式来激励员工。

（3）动态调整原则

企业需要根据自身发展情况（如规模、组织架构和业务形态等）的变化不断调整股权激励模式。从创业到上市，企业通常需要经过多个发展阶段，在发展过程中，企业的治理结构和发挥核心作用的员工群体都在不断变化，为了确保股权激励的有效性，企业也要随之调整激励重点和激励模式。

（4）最优成本原则

企业在选择股权激励模式时，既要确保能够实现激励目标，也要充分考虑实施成本，找出符合自身实际情况的最佳激励模式。具体来说，股权激励的激励成本主要包含财务成本和时间成本，如表 3-1 所示。

表 3-1　股权激励的激励成本

激励成本	要点
财务成本	企业应充分掌握自身的财务状况、支付能力、股权授予所需税费等信息，并据此衡量各种股权激励模式的性价比，选出其中性价比最高的激励模式
时间成本	企业应综合分析各种股权激励模式的实施难度、管理难度和员工认可度，并根据分析结果找出推行阻力最小、最节省时间的激励模式

若在实施股权激励的过程中耗费过多成本，企业可能出现财务压力加大、治理结构恶化、激励效果不足、错过发展时机等问题。

3.2.2　基于企业发展阶段的模式选择

受企业类型、发展阶段、激励对象等各项相关因素的影响，不同企业选择的股权激励模式也各不相同，但最佳激励模式通常符合企业的实际情况和发展需求，有部分企业的最佳激励模式是现有模式，也有部分企业的最佳激励模式是开创式的新模式，还有部分企业的最佳激励模式融合了多种模式。

（1）企业初创期

在初创期，企业选择股权激励模式时需要遵循激励力度大、实施难度低、实施成本低、长期激励性强等原则，应充分认识到每位员工的重要性，在选择激励对象时将所有员工考虑在内，制订无须激励对象出资且吸引力较强的股权激励计划，如采用期股、干股、技术入股、股票增值权、赠与或奖励股份等激励模式。

（2）企业成长期

在成长期，企业的技术水平快速提高，生产规模不断扩大，销量、业绩、营收和股票价格快速增长，企业有良好的现金流为自身的发展提供支撑，可以进一步加大产品开发力度，进一步提高产品的市场占有率，通过维持当前的增长势头来实现长期可持续发展。与此同时，企业的人员数量越来越大，人员结构的复杂度也越来越高，为了做好风险管理工作，企业需要重塑管理规范，优化和完善内部管理制度以及治理结构，并从自身成长性出发，选择合适的股权增值模式，如期股、股票期权、业绩股票、股票增值权等。

随着发展进入新阶段，企业在选择股权激励模式时可以综合考虑各类激励模式的优缺点，选择组合模式，例如选择"业绩股票＋岗位干股＋股票期权"的组合模式、"实股（购股计划）＋岗位干股＋股票期权"的组合模式等。

（3）企业成熟期

在成熟期，企业的规模得到了进一步扩张，管理结构和治理结构也较为完善，已最大限度降低风险水平，盈利水平和盈利稳定性较高，拥有充足的现金流，但同时也存在市场增长速度慢、成长性不足等问题，企业需要制定并实施侧重于业绩要求的股权激励计划，借助股权激励提高员工的工作积极性，进而达到提高净利润增长率和净资产收益率的目的。

3.2.3　基于不同激励对象的模式选择

上文对股权激励对象选择的考量因素、核心范围、人数确定、条件设置等进行了详细的论述，在选择合适的股权激励模式时同样需要基于不同的激励对象进行考量，具体如图 3-4 所示。

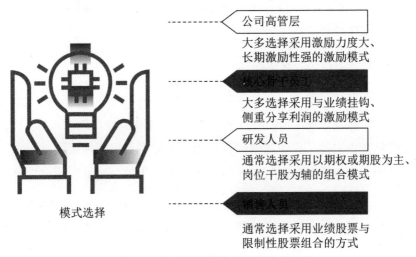

模式选择

公司高管层
大多选择采用激励力度大、长期激励性强的激励模式

核心骨干员工
大多选择采用与业绩挂钩、侧重分享利润的激励模式

研发人员
通常选择采用以期权或期股为主、岗位干股为辅的组合模式

销售人员
通常选择采用业绩股票与限制性股票组合的方式

图 3-4　基于不同激励对象的模式选择

（1）公司高管层常用的激励模式

对于高级管理人员，企业实施股权激励计划主要是为了打造利益共同体，因此大多选择采用期股、股票期权、限制性股票等激励力度大、长期激励性强的激励模式，在激励对象与企业之间建立利益上的紧密联系，并利用业绩约束条例和兑现服务期限对激励对象进行限制。

（2）核心骨干员工常用的激励模式

核心骨干员工是企业发展的重要支柱，也是推动企业发展和创造价值的中坚力量，主要包含中层管理人员和技术骨干人员。对于核心骨干员工，企业实施股权激励计划主要是为了提高其工作的积极性、主动性、创新性和稳定性，因此大多选择采用干股、业绩股票、延期支付、虚拟股票等与业绩挂钩、侧重分享利润的激励模式。

（3）研发人员常用的激励模式

研发人员是高新技术、生物科技等新兴产业的核心资源，主要负责项目、产品、服务的创新和研发工作，绩效具有较强的滞后性，但同时也影响着企业的整体业绩水平，因此企业通常选择采用以期权或期股为主、岗位干股为辅的组合模式对研发人员进行激励和约束，也会向部分核心研发人员授予限制性股票，进行利益捆绑。

（4）销售人员常用的激励模式

对企业来说，对销售人员实施股权激励既能够延期支付其收益，增加现金流，也能够提高其对企业整体利益和长期利益的重视程度。

从实际操作来看，企业通常选择采用业绩股票与限制性股票组合的方式来激励销售人员努力工作。其中，业绩股票可以将部分短期收益转化为长期收益，进而实现对销售人员的限制，减少销售人员的短期行为；限制性股票可以将销售人员的部分绩效收入作为购买期股的借款，为其提供较大的期股额度，并根据服务期设置一系列相关限制性条件，将期股的转让时间和兑现时间放在服务期满以后，加强销售人员的利益与企业的利益之间的关联。

3.3 ＞ 定业绩：设置业绩考核的指标

3.3.1 股权激励业绩考核设置的目的

绩效考核是对员工某一阶段工作行为及工作成果进行评估的过程，作为一种考核机制，是保障公司运营效率、实现公司高效管理的重要手段。将绩效考核与员工的奖励发放、福利待遇挂钩，能够实现日常工作中对员工的"推""拉"作用，更好地激励员工努力工作，激发公司内部的价值创造活力。

股权激励，是通过股东利润分成、公司发行虚拟股票或让工持有实股、期股或期权等激励模式，实现企业、股东以及激励对象之间的利益连接，让其向着共同的目标——实现企业的繁荣发展而奋斗的激励手段。

股权激励的根本目的是进一步提升员工的工作积极性，让其为公司创造更大的价值，因此需要根据一定的标准对员工的价值创造能力进行衡量，这就需要通过绩效考核来实现。绩效考核的结果往往决定着员工最终应得的绩效薪酬和工作福利是否能够达到其预期，有时甚至决定了双方劳动合同的履行情况。

（1）激励员工

不断实现价值创造、向前发展是企业运营的目标，这一目标的达成需要确保中间环节的高效，即企业实际经营过程中员工必须通过自身的努力工作达成一个个的"小目标"。而在具体实践中，这种"小目标"即为考核标准。当员工的工作表现与工作成果达到了考核标准，对其自身而言，能够获得激励股权带来的分红增益；对于企业而言，能够保障其发展的速度与质量。而这种双赢局面需要通过合理的考核制度达成，唯有如此才能够对员工起到正向激励作用，推动其不断在专业领域内深耕，提升自身专业素质。

在考核制度制定过程中，管理者应避免独断，而是要和员工进行平等的对话，了解对方的立场和关注点，同时结合公司发展战略就下一阶段的工作目标与工作任务达成共识。考核机制的设立要兼具激励性与约束性，一方面让员工能够通过考核要求明确工作目标，及时调整工作方式方法，并在工作目标的引领下保持工作热情；另一方面企业可以通过考核制度更好地对公司的宏观目标进行细化，并能够更加科学、全面地对员工工作情况进行评估，根据经营需要进行人事调动，发挥员工优势，提升整体经营效率。

（2）约束员工

股权激励计划是一个需要条件进行触发的激励计划，时间只是触发这一机制的必要条件。比如，若公司想要给员工30万股，激励方案有效期为3年，并不是指员工等待3年之后就能够享有对应股权，而是指员工在3年工作的基础上还要达到公司所设立的目标，为公司创造相应的价值，只有时间条件和业绩条件同时达标，才能够获得股权。因此公司在设置考核机制时要保证其科学性、发挥其约束作用。

在企业经营管理中，考核机制通过一套科学合理的标准体系实现了对员工个人工作能力、工作成果、价值创造情况的全面评估，而这些正是股权激励所关注的方面。此外，考核机制所涉及的目标设定、过程管理、结果评价等内容贯穿了员工工作的全过程，以此为依据能够更好地保证股权激励的公平性和有效性。因此，股权激励的实行必须与绩效考核相配合，唯有如此，才能够发挥对激励对象的引领作用，激发企业内部的发展活力，实现企业与员工的共赢。

（3）促进公司发展

公司经营活动中采取的一切措施最终目的都是推动公司的发展，实现规模的扩大和效益的提升，股权激励自然也不例外。通过股权激励，能够实现员工利益与企业利益的绑定，让员工更好地从促进公司发展的角度进行自我约束和自我鼓励，为企业目标的实现凝聚强大的合力。而这一点的实现需要有员工的工作能力、工作态度和工作质量做保障，因此离不开科学合理的业绩考核制度。

企业的发展不仅需要从宏观上设立战略目标，同时还要考虑将目标分解细化成各个部门、各个员工的目标，如此才能够推动目标的达成，而这一过程要通过考核机制的设立来实现。与此同时，管理者和员工应充分认识到，根据考核结果确立激励对象、进行利益分配仅仅是考核机制的附属功能，其核心功能是服务于企业发展，通过目标的实现推动企业与员工的共同成长。因此，从这个意义上看，可以将考核看作一个对工作查缺补漏、推动员工自身不断完善的过程，通过对考核结果的审视，员工能够更好地识别自身工作行为中存在的问题，并有意识地进行改正，在实现自我进步的同时也能够更好地为公司服务。

3.3.2 构建以绩效管理为导向的激励模式

公司的业绩考核方案是否合理，直接决定着股权激励能否起到良好的效果。想要达到良好的激励效果，公司必须制定清晰的考核条件，一方面对公司业绩完成情况进行考核，另一方面对激励对象本人进行考核。

如果公司已经实施了绩效考核，就要考虑如何将绩效考核结果用于股权激励的价值评估与动态调整；如果公司没有实施绩效考核，可以通过设计绩效考核维度对员工价值进行评定，也可以建立基本的绩效考核框架。需要注意的是，绩效管理过程需要不断完善。只要能够形成工作导向，绩效管理就能发挥出应有的价值。

（1）业绩考核在股权激励中的应用

①股权激励的准入门槛。目前，无论上市公司还是非上市公司，在确定股权激励对象时都要对职级（岗位层级）、年限、绩效等因素进行考虑。其中，绩效是股权激励的准入门槛。一般来说，公司对员工进行股权激励，激励对象的业绩水平要达到合格线，甚至要达到良好以上的水平。

②行权或解除限售的触发条件。股权激励的期权模式有两种形式，一是一次授予分次行权，二是分次授予一次行权。公司根据业绩完成情况制定行权条件，其中业绩完成情况包括公司业绩完成情况与激励对象个人业绩完成情况两个方面。

③增配股份的依据。公司为了激励员工，可能会对取得更高业绩的员工增配股份，增配股份同样要以业绩为标准。

④减持股份或注销资格的依据。如果激励对象没有达到预设的业绩目标，公司可以下调其持有的股份，或者直接取消其获得激励的资格。

⑤动态调整。公司可以根据激励对象的业绩完成情况，结合不同的激励模式，从奖励虚拟股、虚拟受限股转变为奖励实股，同时对股权数量进行调整。

（2）股权激励的业绩条件设置

①指标类型。业绩指标的类型非常多，包括财务类指标与非财务类指标、定性指标与定量指标等。

②组织绩效。从组织架构来看，组织绩效可以分为不同的层级，包括企业绩效、部门绩效、团队绩效、个人绩效等。

③个人绩效。员工个人绩效可以从三个方面进行考核，包括业绩、能力、工作态度。具体侧重于哪个方面，要根据公司特点来确定，如表 3-2 所示。

表 3-2　员工个人绩效的考核内容

考核类目	主要内容
业绩考核	对员工的工作成果进行评估，主要考核内容包括工作质量、工作结果、任务完成度等
能力考核	以岗位要求为基础，对员工在工作岗位上发挥出来的工作能力进行评估，评估内容包括计划组织能力、决策领导能力、创新能力等
工作态度考核	工作态度会在一定程度上决定员工的业绩水平，主要考核内容包括考勤状况、工作积极性、工作主动性、团队协作性等

（3）绩效考核不流于形式的关键

要使绩效考核不流于形式，真正构建起以绩效管理为导向的激励模式，关键在于以下几点，如图 3-5 所示。

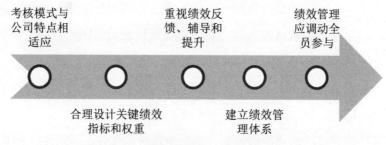

图 3-5　绩效考核不流于形式的关键

①考核模式与公司特点相适应。企业要根据自身的特点选择绩效考核模式，包括企业所处的行业特点、所在的成长阶段、发展战略等。

②合理设计关键绩效指标和权重。企业要合理设计关键绩效指标及其权重，对长期指标与短期指标、行为指标与成果指标进行协调，对绩效指标的多样性、动态性等因素进行综合考虑。

③重视绩效反馈、辅导和提升。企业要重视绩效反馈，员工只有实时了解绩效目标的完成情况，才能对一段时间内的工作进行反思，不断提高并改进个人绩效，进而实现企业的整体目标。

④建立绩效管理体系。绩效管理是一个有序的循环管理过程，包括绩效计划、绩效辅导、绩效评价、评价结果运用四个环节。首先要明确企业与个

人的绩效管理目标，在双方达成共识的基础上采取有效措施进行管理。绩效管理的重点不仅在于提升员工的个人绩效，还要将员工绩效与企业绩效相结合，提升企业的整体绩效水平。

⑤绩效管理应调动全员参与。绩效管理不是人力资源部门发起的一种形式主义的活动，而是要由管理层、员工、人力资源部门共同参与，共同设定绩效管理目标，进行绩效沟通，帮助员工改进、提升绩效，实现企业的经营目标，形成以绩效为导向的企业文化。

3.3.3　股权激励业绩考核标准的确定

业绩考核标准的确定是保证企业股权激励效果的重要前提。在业绩标准的确定过程中，需要明确四个方面的因素：业绩指标、业绩考核标准、业绩评价方法和业绩考核基准。

（1）确定业绩指标

业绩指标的确定是非常关键的一步。股权激励的主要目的在于将激励对象与企业的利益捆绑在一起，员工在获得更多收益的同时，也需要承担更多的责任，促进企业的成长和壮大。因此，能够成为股权激励重要参考依据的业绩指标应该满足两个方面的要求：其一，能够反映出比较多的信息，体现被考核对象的相关才能；其二，能够反映企业的发展方向，引导企业实现长远的战略目标。

企业在具体实施过程中采用的业绩指标主要包括市场类指标、会计类指标和非财务类指标三类。由于单一使用某种指标具有明显的弊端，因此经常会选取组合指标。在选取组合指标时，需要遵循三个基本原则：

- 市场类指标需要与会计类指标相结合；
- 非财务类指标需要与财务类指标相结合；
- 理论指标需要与销售指标相结合。

为了更好地确定企业股权激励的参考业绩标准，可以基于以上基本原则构建企业的业绩指标库。在具体的构建过程中，需要注意以下四个方面：

- 业绩指标库中设置的指标需要兼顾长期绩效和短期绩效以及财务指标

和非财务指标。

● 业绩指标库中选取的财务指标应该经过优化，非财务指标应该客观化，以便于更好地被衡量。

● 业绩指标库中选取的指标应该将绝对业绩评价与相对业绩评价相结合，其中相对业绩评价（即容易受到不可控因素影响的指标）需要通过比较的方式保证其有效性。

● 对于上市公司而言，业绩指标库中选取的指标应该既包括能够反映企业价值增长情况的会计指标，又包括能够反映企业股票价值的资产指标。

除以上提到的与工作业绩相关的指标外，在股权激励的业绩考核指标中也可以增加与个人素质和能力相关的指标。但需要注意的是，这类指标不是必需的，如果使用的话，所占的权重不宜过大。

（2）确定业绩考核标准

与业绩考核指标相对应的是业绩考核标准。比如，以部门的净利润增长率作为业绩考核指标时，业绩考核标准可以制定为15%以上，也就是说，只有部门的净利润增长率不低于15%时，被考核对象才有可能成为股权激励的对象。

业绩考核标准的确定如图3-6所示，其中横轴代表的是被考核对象的业绩指标，纵轴代表的是股权激励情况，只有当被考核对象的业绩超过业绩下限时，才能成为股权激励的对象。

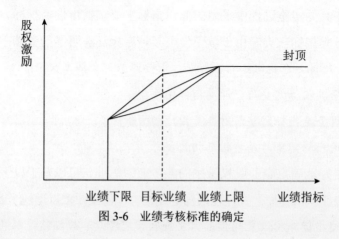

图3-6　业绩考核标准的确定

关于业绩考核标准的确定，需要注意以下几个方面：

● 目标业绩的完成应该具有一定的难度。也就是说，要达到目标业绩需要付出一定的努力，从而激发员工的潜力，促进企业的良性发展。

● 目标业绩不应该设置得过于困难。如果达成目标业绩的难度太高，可能会打击员工的积极性，反而不利于其达成业绩，因此，可以设置一个业绩下限。

● 激励区间不同，激励型报酬的强度也不同。也就是说，如果被考核对象的业绩已经达到业绩下限，那么可以根据完成业绩的具体情况确定购买股权的资金来源，业绩越高，个体用于购买股权的资金金额越少。

● 除业绩下限外，还需要设置业绩上限，对股权激励业绩进行封顶。

（3）确定业绩评价方法

在确定业绩指标以及业绩考核标准后，要确定股权激励的参考业绩标准，还需要确定业绩评价方法。所谓业绩评价方法，即对业绩的完成情况进行评价的方法。根据评价维度的不同，业绩评价方法可以分为两类，如表 3-3 所示。

表 3-3　业绩评价方法

方法	要点
绝对业绩评价方法	主要对被考核对象的历史业绩进行评价
相对业绩评价方法	与同行业类似职位的个体的业绩进行对照评价

（4）确定业绩考核基准

企业中股权激励的对象可能是高层管理人员，也有可能是中层干部以及基层员工。对不同级别的员工而言，应该执行的业绩考核基准也有所不同，具体如表 3-4 所示。

表 3-4　基于股权激励对象的业绩考核基准的确定

股权激励对象	业绩考核基准
高层管理人员	业绩考核基准一般为公司绩效。一方面，考核公司绩效能够激励高层管理人员更好地为企业服务；另一方面也可以避免高层管理人员之间竞争加剧，造成严重的企业内耗

续表

股权激励对象	业绩考核基准
中层干部	业绩考核基准一般为部门绩效与公司绩效相结合
基层员工	业绩考核基准需要因部门而异。比如，对于销售岗位的员工来说，可以以个人的销售业绩为考核基准；对于研发或设计岗位的员工来说，可以以部门或公司的绩效为考核基准

3.3.4 上市公司业绩考核的常见指标

上市公司应在劳动者提供的基本劳动基础上进一步设置业绩考核指标。只有劳动者完成了相应的指标，才能享受股权激励。若仅提供劳动而没有完成相应指标，则无法享受股权激励。

理论上，《上市公司股权激励管理办法》明确规定，"上市公司应当设立激励对象获授权益、行使权益的条件。拟分次授出权益的，应当就每次激励对象获授权益分别设立条件；分期行权的，应当就每次激励对象行使权益分别设立条件。激励对象为董事、高级管理人员的，上市公司应当设立绩效考核指标作为激励对象行使权益的条件"，"绩效考核指标应当包括公司业绩指标和激励对象个人绩效指标"。

在实际情况中，上述规定对于非上市的大型公司或者规模较小的中小企业同样适用，均是将股权的授予、行使与激励对象的业绩考核结果进行绑定，在一些较为严密的股权激励方案中，甚至会对业绩考核结果进行分级，不同的考核级别对应不同的股权行使比例，以此来实现激励的精确性。

《上市公司股权激励管理办法》对绩效考核指标（即触发股权激励的目标条件）作了如下规定：

"绩效考核指标应当包括公司业绩指标和激励对象个人绩效指标。相关指标应当客观公正、清晰透明，符合公司的实际情况，有利于促进公司竞争力的提升。"

"上市公司可以公司历史业绩或同行业可比公司相关指标作为公司业绩指标对照依据，公司选取的业绩指标可以包括净资产收益率、每股收益、每股分红等能够反映股东回报和公司价值创造的综合性指标，以及净利润增长率、主营业务收入增长率等能够反映公司盈利能力和市场价值的成长性指标。以同行业可比公司相关指标作为对照依据的，选取的对照公司不少于 3 家。"

"激励对象个人绩效指标由上市公司自行确定。""上市公司应当在公告股权激励计划草案的同时披露所设定指标的科学性和合理性。"

总而言之，在实施股权激励的 A 股上市公司中，业绩考核时最需要关注的指标仍然是净利润以及营业收入：

- 净利润指标：净利润、净利润增长率（当期净利润相较于上期的增长幅度）、净利润复合增长率（净利润在一定时期内的年度增长率）。
- 营业收入指标：营业收入、营业收入增长率（当期营业收入相较于上期的增长幅度）、营业收入复合增长率（营业收入在一定时期内的年度增长率）。

随着各种新业态、新模式的出现，企业的业务属性、发展环节等也发生了变化，因此在上述激励指标的基础上，又出现了多种不同的业绩考核指标。

在具体的实践中，很多上市公司在制定考核制度时会更多地立足于全局，运用系统性思维结合自身的业务板块和整体组织架构进行综合考量，因而其考核体系的涉及面也就更广，往往会将子公司、事业部、业务条线等业务单元的业绩也纳入考核内容，并结合业务所处的发展阶段以及在公司战略计划中的位置分别设置经济效益、市场开发、内部运营、持续发展等多种考核指标。

激励对象的个人业绩考核指标往往由上市公司结合企业业务情况自行设定。个人业绩考核指标虽然关乎企业整体的战略目标，但在一些特殊的情况下，如当不同业务板块、业务类别或经营规模存在较大差异时，若激励对象与多个不同业务板块均具有从属关系，只需要按照所属业务单元的考核标准进行激励触发即可。

无论是企业目标的实现，还是个人考核的完成，最终都统一于股权激励的收益。为了保证股权激励目标设置的合理性以及股权激励本身积极作用的发挥，考核制度需要贴合公司实际的经营情况，且考核制度本身应具有专业性与科学性。因此在制度制定时就需要选用专业的法律团队，综合法务、税务、商务等多方面的因素制定出与企业适配度最高的考核制度。

股权激励涉及企业发展的方方面面，在不同的企业、同一企业的不同业务模块中都有着不同的实施要点，因此，对于股权激励而言，提供相配套的考核制度、为其创造适配度高的实施环境至关重要。只有考核制度充分考虑企业发展实际、与股权激励制度充分契合，才能够发挥其为股权激励制度"把关"的功能，才能更好地发挥出其与股权激励制度的组合效应，更好地推动企业发展。

3.4 ⊙ 定数量：确定股权激励的数量

3.4.1 股权激励数量的确定原则

在确定股权激励数量时，需确定股权激励总量和股权激励个量，前者即激励股权在总股本中所占的比重，后者即单个激励对象所持有的激励股权数量。

公司确定股权激励数量需遵循以下原则，如图 3-7 所示。

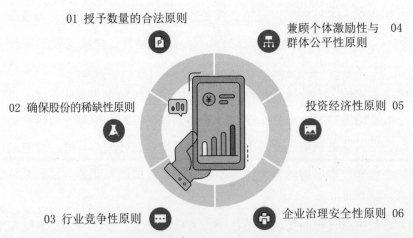

图 3-7　股权激励数量的确定原则

（1）授予数量的合法原则

此为首要原则，股权激励数量的确定不得违反法律的强制性规定。针对股权激励的数量，不同国家有着不同的规定，许多国家并未对此设限，限制股权激励数量的国家主要是从资本市场稳定性和保护中小股东权益的层面考虑，且更多的是设置数量上限而不是下限。此外，股权激励数量的限制一般针对上市公司，非上市公司可根据自身情况自行确定股权激励数量。我国《上市公司股权激励管理办法》中就有关于股权激励数量的强制性规定。

我国相关法律规定对股权激励授予数量的限制具体如表 3-5 所示。

表 3-5　我国相关法律规定对股权激励授予数量的限制

企业类型	股权激励授予数量限制	法规依据
上市公司	①上市公司全部在有效期内的股权激励计划所涉及的标的股票总数累计不得超过公司股本总额的10%； ②非经股东大会特别决议批准，任何一名激励对象通过全部在有效期内的股权激励计划获授的本公司股票，累计不得超过公司股本总额的1%； ③上市公司在推出股权激励计划时，可以设置预留权益，预留比例不得超过本次股权激励计划拟授予权益数量20%	《上市公司股权激励管理办法》第十四条、第十五条
中央企业控股上市公司	①上市公司全部在有效期内的股权激励计划所涉及标的股票总数累计不得超过公司股本总额的10%（科创板上市公司累计不超过股本总额的20%）； ②上市公司首次实施股权激励计划授予的权益所涉及标的股票数量原则上应当控制在公司股本总额的1%以内； ③中小市值上市公司及科技创新型上市公司可以适当上浮首次实施股权激励计划授予的权益数量占股本总额的比例，原则上应当控制在3%以内	《中央企业控股上市公司实施股权激励工作指引》第二十条、第二十一条
国有控股混合所有制企业	①员工持股总量原则上不高于公司总股本的30%； ②单一员工持股比例原则上不高于公司总股本的1%	《关于国有控股混合所有制企业开展员工持股试点的意见》第三条第四款
国有科技型企业	①大型企业的股权激励总额不超过企业总股本的5%； ②中型企业的股权激励总额不超过企业总股本的10%； ③小、微型企业的股权激励总额不超过企业总股本的30%，且单个激励对象获得的激励股权不得超过企业总股本的3%	《国有科技型企业股权和分红激励暂行办法》第十条

（2）确保股份的稀缺性原则

当资源供不应求时，就具有了稀缺性，资源的稀缺性要求对资源进行有效的配置和利用。在经济学意义上，稀缺资源通常指不可再生资源，或是再生速度低于消耗速度的资源。同样作为一种资源，股份的稀缺性却有另外的表现。对于一家企业而言，股份总比例为100%，这一数值是固定的，不可增减。但股份的增发会受到数额的限制，有数额的股份才能发行。

在确定股权激励数量时，既要突出激励的重点，也要关注利益的平衡，这是确保股份稀缺性原则的体现，这样做有助于达到股权激励的预期效果，同时防止平均主义的出现。

（3）行业竞争性原则

企业需在掌握行业总体现状和股权激励现状的基础上制订股权激励计划，以保证其股权激励数量在业内的竞争力。

举例来说，某行业内的股权激励尚不成熟，此时一家企业将1%的股份用于激励公司高管，这一做法在行业内具备开创性，其竞争力不言而喻。然而，如果企业处在一个股权激励成熟度较高的行业，许多同行业企业针对高管的股权激励数量达到了股份的3%，那么1%股份的激励数量就很难拥有竞争力，该企业很可能无法达到股权激励的预期效果。

（4）兼顾个体激励性与群体公平性原则

竞争性是就同行而言的，而激励性和公平性分别是就个体和群体而言的。实行股权激励的最初目的是激励个体，这也是股权激励的基本价值，由此延伸出其他价值。不过，企业终究是一个群体，由多名成员和多种角色组成，包括股东、高管、普通员工等，他们的利益具有一致性，但也存在发生冲突的可能，因此要兼顾个体激励性和群体公平性，注重个体利益和群体利益的协调，实现利益平衡。

（5）投资经济性原则

对于股权激励计划而言，投资经济性是一项需遵循的原则，同时也是最终的目的。从经济学的角度看，考察投资项目需要将经济性作为重要指标，经济性即特定时间内投入资金所得到的收益。站在企业股东的视角，股权激励就是用自己持有或可认购的股份进行投资，投资对象为企业成员，包括高管和普通员工。

股权激励这项投资的收益体现在多个方面，包括激励对象个人业绩的提升、企业整体竞争力的增强、企业股票价值的上升等。

（6）企业治理安全性原则

在实行股权激励时，如果企业使用的激励工具为股票期权、干股等实股，那么原股东对公司的控制权将不可避免地被稀释，过度稀释会造成控制权旁落。针对此情形，确定股权激励数量时要遵循企业治理安全性原则，有效保护股东的控制权。

3.4.2　股权激励总量的确定方法

股权激励总量的确定方法有以下三种。

（1）留存股票最高额度计算法

现有股东的股权会因为实行股权激励而被稀释，股东能够承受的最大稀释程度即留存股票最高额度，据此计算股权激励总量的优点在于简单易操作，在计算股权激励总量的数额时不会遇到太大困难。

不过，如果采用留存股票最高额度计算法，那么当最高额度确定后，企业想从现有股东处得到更多股权就比较困难，也就无法拿出足够的股权来激励新员工，这样不利于激励计划的拓展和持续，同时老员工和新员工在所持股权数量上的差距也有碍公平，极易引起新员工的不满。

（2）企业员工总年薪价值计算法

这种股权激励总量计算方法依据的是员工总年薪的特定百分点，同时会参考其他薪金。比如，如果员工在公司的工作时间超过 10 年，其拥有的公司所有权价值相当于 1.5 倍的年薪，当员工在公司的工作时间超过 20 年时，这一数字则为 4 倍。

因此，如果要计算员工应得的股权激励数额，只需要得知其工作年限和贷款程度，将不同员工的数额累加即可得到股权激励总量。这种方法较为灵活，不过它的缺点是无法计算出精确的激励总量数额。需要注意的是，受所处行业、自身现状等因素的影响，使用相同计算法的企业在实际中不一定会授予相同数量的股权，所以对于各种计算方法，企业要灵活地加以运用。

（3）业绩目标计算法

企业在股权激励计划中设置业绩目标以及完成目标的期限，员工在该期限内完成目标即可按照计划中规定的比例获得股权，此为业绩目标计算法。

这种计算法多用于业绩股票、限制性股票等股权激励模式，这类模式会根据业绩进行股权激励，包括企业业绩和激励对象业绩。采用业绩目标计算法需要考虑业绩目标的设立问题以及业绩波动风险的预防问题。

在业绩目标方面，如果设立的业绩目标太低，激励对象无须付出太多努力就可获得激励股份，这样无法达到激励的效果；如果业绩目标过高，激励对象就会产生畏难和退缩心理，工作积极性受到打击，这也不利于股权激励目标的实现。所以，当使用业绩目标计算法时，企业需根据所处环境和自身情况设立合理的业绩目标，业绩目标可以体现在销售收入、市场份额、利润水平、成本控制等多个方面。

在业绩风险方面，如果市场环境良好，公司业绩稳步提升，员工也将因之受益，获得数量可观的股权。而公司业绩受外部环境变化等因素的影响可能会出现波动，当公司业绩不佳时，员工就只能拿到数量很少的股权，最坏的情况下甚至可能无股可得，这会严重打击员工的工作积极性，此情形下股权激励的目的自然无从实现。所以，企业需要充分考虑到业绩波动风险，并制定相应的预防措施，针对业绩目标计算法构建调节机制，根据实际情况的变动适当调整股权激励总量。

3.4.3　股权激励个量的确定方法

首先需要明确股权激励总量和股权激励个量之间的关系，总量不等于个量的简单相加，个量也不等于总量的简单分配。总量和个量的确定构成了一个双向过程，股权激励个量的确定方法有以下几种。

（1）直接决定法

这是最为简单直接的确定方法，由决策者直接决定各激励对象的股权激励数量，决策者一般是企业领导者或股东大会。确定股权激励数量时，需要参考的因素包括职位、业绩、竞争对手等。在我国，直接决定法广泛应用于非上市企业。

（2）未来价值法

在使用未来价值法计算股权激励数量时，需要用到的信息有激励对象的收入（包括年薪和年终奖），以及股权激励期满后公司股票的市价。计算方法如下：通过假定的方式设定股权激励到期后的股票市价，股票的行权价低于市价，两者的差值即激励对象所得每股收益，其应得的股权激励数量＝总期望收入／每股收益。

举例来说，一家公司采用股票增值权的模式对经理人实行股权激励，股权激励的到期时间为2年，股权授予当日，公司股票市价为30元，根据预期，股权激励到期时股票市价将上涨至50元，按照公司的期望，经理人在到期日通过股权激励计划获得的收入总额为其30万元年薪的90%，即27万元，代入上文公式，该经理人所得股权激励数量为27万元／（50元／股-30元／股）＝1.35万股。

未来价值法建立在这样的前提之上：公司发放给激励对象的年薪是合理的，能够体现其业绩和重要性。此外，未来价值法中的总期望收入不是一定要以年薪为参照，可以直接设置一个数字作参照。

未来价值法也是非上市公司使用较多的股权激励个量计算方法。

（3）现值法

现值法又称折现法，这种方法是对股票的未来价值进行折现，使其变为当前价值，多用于上市公司，在实施股票期权计划时用来计算经理人的认购数量。具体计算方法如下：构建一个期权定价模型，借助模型进行期权价值的测算，同时经理人得到的"业绩股权"也存在对应的价值，两者之和即经理人的期权认购数量。

3.5 ▶ 定价格：确定股权激励的价格

3.5.1 上市公司股权激励的定价方法

行权价格，即触发了股权激励计划条件的激励对象在计划中约定的时间购买股票的价格，行权价格与股票市场价格之间的差价是股权激励计划中"激励"二字的重要体现之一，因而行权价格是否科学决定着整个股权激励计划能否达到预期效果。

《上市公司股权激励管理办法》第二十九条规定：

"上市公司在授予激励对象股票期权时，应当确定行权价格或者行权价格的确定方法。行权价格不得低于股票票面金额，且原则上不得低于下列价格较高者：

（一）股权激励计划草案公布前1个交易日的公司股票交易均价；

（二）股权激励计划草案公布前20个交易日、60个交易日或者120个交易日的公司股票交易均价之一。"

各国资本市场监督部门都将"公平价格"作为确定行权价格的重要参照。所谓"公平价格"即兼顾股东和经理人权益的价格，主要有以下几种算法：

● 对授予日的最高价格和最低价格取平均值；

● 对授予日的开盘价格和收盘价格取平均值；

● 取授予日前一个月收盘价格的平均值；

● 取授予日前一个月开盘价格的平均值；

● 取授予日前一个月收盘价格和开盘价格的平均值。

确定公平价格后，行权价格确定有以下 4 种方式，如图 3-8 所示。

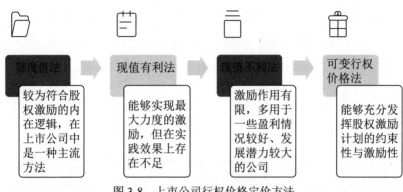

图 3-8　上市公司行权价格定价方法

（1）等现值法

等现值法，又称"平值法"，即以当前股票的公平价格作为行权价格。这种行权价格较为符合股权激励的内在逻辑，因而在上市公司中是一种主流方法。在以当前股票的公平价格作为行权价格的情况下，股权激励的内在价值为零，激励作用主要通过时间价值实现。

（2）现值有利法

现值有利法，即"实值法"，指在对当前股票价格进行折扣处理后确定行权价格，这种方法能够实现最大力度的激励。当前股票公平价格高于行权价格时，股权激励方案兼有内在价值和时间价值。但是这种激励方法在实践效果上存在不足，主要体现在两个方面：一是会不断削弱公司创始股东的权益；二是约束性不强，需要激励对象有较高的自觉，对他们来说，只要股票公平价格保持在当前水平，便能够在到达特定期限后获得收益。

因此这种方法更适用于那些发展陷于困境，急需充分激发员工积极性以消除公司危机的企业或那些发展潜力不大的企业。

（3）现值不利法

现值不利法，又称"虚值法"或"溢价法"，即在当前股票公平价格溢价后确定行权价格，行权价格比当前股票公平价格高。这种行权价格能够更好地帮助股东获利，对于激励对象则并不能带来太多利益增值，此类股权激励方案内在价值为负，激励对象获得的激励实际上是时间价值与内在价值相抵后的部分。该类方法由于激励作用有限，因此多用于一些盈利情况较好、发展潜力较大的公司。

（4）可变行权价格法

上述三种方法在确定过程中均将股票当前的市场价格作为参照，因此，股票授予的时期不同，行权价格也有很大不同，尤其是在公司公开上市前后这一时间节点上。

以美国雅虎（Yahoo）公司为例，在公开上市前，其股权行权价格一般在0.01美元以上，不超过4美元，而公司上市之后，其股权行权价格则一般以30美元为基准，最高行权价格可达135美元。

为了保障行权价格的科学合理，更好地兼顾股东和激励对象双方的权益，当前美国上市公司开始了新的行权价格探索，在进行方案设计时使行权价格处于动态变化之中，以保持相对公平的状态。行权价格变化的参数主要对标业绩变化和同行业股票的变化，一般可变的行权价格有可再定价期权、业绩加速股票期权、业绩生效期权、指数期权等。

可变行权价格法使用可购买股票的金额代替激励对象应得的股数，对激励对象未来应得的股权进行计算，期满时的行权价格确定需对标业绩指标，二者呈负相关，即激励对象完成的业绩指标越高，则行权价格越低，激励对象所获得的收益越大。

这种方法受行权前后的股票价格影响较小，因此减少了与业绩升降无关的股价涨落因素对激励效果的干扰，将股权收益直接与股权激励计划聚焦的员工努力程度和业务能力挂钩，从而充分发挥了股权激励计划的约束性与激励性。但是这种计算行权价格的方法需要有科学精准的业绩标准配套，以得出准确的业绩系数作为行权价格计算的依据。

3.5.2　非上市公司股权激励的定价方法

非上市公司在制订股权激励计划时，由于缺乏可作为行权价格定价参照的股票市场价格，因此行权价格确定相较于上市公司来说难度更大。

我国一些非上市公司在实施股票期权计划、股票持有计划或股票奖励计划时，行权价与出售价的确定所参照的数据往往比较单一，一般仅以每股净资产值为主要甚至唯一的依据。结合具体实践来看，按照每股净资产值为依据的定价方式虽然操作成本较低，可行性较强，在实施效果上却存在客观性与准确性不足、公正性难以保障等问题。

对于非上市公司行权价格的确定，主要包括以下 4 种主流定价方法，如图 3-9 所示。

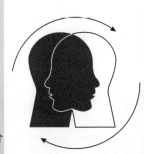

资产价值评估定价法
• 净资产定价法
• 综合考虑销售收入、净利润与净资产定价
• 根据有形资产与无形资产定价
净现金流量折现法
• 理论层面上企业估值定价最有成效的模型
• 此类评估方法的操作过程较为复杂，需要有专业的财务知识支撑

市盈率估值定价法
• 涉及的参数包括公司利润每股收益和市盈率
• 股份价格=每股收益×市盈率

市场评估定价法
• 具有较强的科学性和较高的准确性
• 可与其他方法组合应用

图 3-9　非上市公司行权价格定价方法

（1）资产价值评估定价法

首先分别对公司的各项资产进行估值，确定其公允市场价值，随后计算出各类资产的总价值，并与各类负债的公允市场价值进行抵扣，就得到改善股权的公允市场价值。在设定公司总股本时，以公允市场价值与公司总股本

相除，即可得出股权激励授予时的公平价格，具体计价方案有以下 3 种。

①净资产定价法。这是三种计价方案中操作复杂度最低的方法，在得出公司净资产的基础上，设定公司的总股本，用前者除以后者即可得到改善的股份价格。举例来说，若公司净资产为 500 万元，设定总股本为 50 万股，公司的股份价格则为 10 元 / 股。这种计算方案操作难度较低，计算逻辑也相对明了，但在精确度上往往有所欠缺。由于直观鲜明、操作成本低，净资产定价法在我国非上市公司中较为常用。

②综合考虑销售收入、净利润与净资产定价。确定公司的总价值时，按照不同的权重对销售收入、净资产和净利润进行计算，随后设定公司的总股本，并用前者除以后者，最终得到改善的股份价格。

③根据有形资产与无形资产定价。在确定公司总价值时，分别按照不同的权重对有形资产和无形资产进行计算，随后设定公司总股本，用总资产除以总股本得出公司的股份价格。在使用这种方法计算股份价格时，重点是要确保无形资产的估值数据准确可靠。

在上述三种方法中，净资产定价法以其清晰简明、直观易懂、具有较强的可操作性等优点更适合一些规模较小、业务简单的公司使用。

（2）净现金流量折现法

净现金流量折现法是在资本投资和资本预算方面具有支撑作用的基础模型，是理论层面上企业估值定价最有成效的模型，又叫作获利还原法，其计算逻辑是将货币的时间价值作为折现率，以此对公司全生命周期内的现金流量进行折算，得出公司的净现值，并按照一定的折扣率进行计算，最终确定公司的股份价格。

采用净现金流量折现法需要从两个方面进行考虑：一是要选取合适的模型对公司未来存续各年度的现金流量进行科学预测；二是要兼顾企业、创始股东和激励对象的利益，选取最合理的公允折现率。一般来说，折现率的大小与未来现金流量的风险呈正相关，风险越大，需要的折现率越高，反之亦然。

　　这种方法能够在确定股份价格的过程中考虑到时间对股价的影响，同时还将风险因素纳入股价评估中，得到的结果往往较为科学合理，但是此类评估方法的操作过程较为复杂，需要有专业的财务知识支撑，同时需要决策者能够对行业前景进行准确预判，把握好公司的发展方向，如果公司有上市计划，可以采用此种方法进行股价计算。

　　（3）市盈率估值定价法

　　市盈率估值定价法即基于公司当前各项营收数据进行上市模拟，以此得出公司的股价，涉及的参数包括每股收益和市盈率。其中每股收益通过当年的预期利润得出，市盈率参照同类上市公司的市盈率确定，公司的股份价格由每股收益与市盈率相乘得出，公式为：**股份价格 = 每股收益 × 市盈率**。

　　（4）市场评估定价法

　　这种方法的核心逻辑实际上是借助相对业绩评价实现股份定价，其关键在于在定价过程中与同行业赛道上具有可比性的上市公司进行比较，从而对本公司的股份价格进行计算。相较于其他方法，这种定价方法具有较强的科学性和较高的准确性，在具体实施上，主要有以下两种方式。

　　第一种方式：首先确定参照对象，即与本公司规模相近、基本处于同一发展阶段的上市公司；其次对标参照公司对本公司的净利润、净资产或现金流量等指标进行计算，确定各个指标下本公司与每个参照公司的价值比例；再次分别计算出各家参照公司的平均比率，以本公司的相同估价指标为依据确定公司的价值；最后设置总股本，总股本与总估值相除即可得到改善的股份价格。

　　第二种方式：组合定价法，往往通过综合运用资产价值评估定价法、净现金流量折现法和市场评估定价法确定股权激励的股价，采用这种组合方法能够在定价过程中对多种因素进行考虑，往往更贴合企业的实际需要。

　　在具体实践中，往往不会将市场评估定价法作为单一的股份定价方式，而是通过前文所述的方式组合进行定价，尤其是与资产价值评估定价法组合运用，参照同行业上市公司的业绩变化能够更好地弥补资产价值评估定价法在精确度、客观性等方面的不足，让测算出的股价与企业真实价值的贴合度更高。

3.5.3　初创公司股权激励的定价方法

在制定股权激励价格时，创始人可以综合公司所处的发展阶段、员工工作年限、员工岗位等为每一个激励对象提供定制化的行权价格或价格计算方式。一般情况下，随着公司业务的扩大和规模的扩张，股权激励价格会呈现出上升趋势，C轮融资阶段实施的股权激励价格往往高于A轮融资早期实施的股权激励价格。

但是，若实施股权激励的时间段较为统一，对同类型的对象进行激励时应使用相同的行权价格或价格计算方式。若需要加大对某一特定激励对象的激励力度，则可以在满足前文条件的基础上适度增加激励股权的数量，但行权价格必须作为激励过程中的定量条件，不能随意更改。因为股权激励价格不单有决定激励力度的功能，同时还承载着公司股权价值，而且在同一时间段内，公司股权的价值应保持一致。

（1）创立阶段

公司在成立初期，由于内部经营、未来发展、业态模式等方面尚未完全定型，因而在进行股权激励时可以将价格设定在较低水平，以降低公司发展的风险性。在此阶段，公司自身估值较低，且在资金流方面也存在一定的压力。为了提升员工对公司的信任度，充分释放员工的工作活力，可以设定较低的行权价格。

举例来说，若某公司的股本面值为8元，则可将行权价设置为1.6元左右，为股本面值的20%。采用这种方式，既能中和公司发展前期可能遭遇的风险，同时又能让员工获得较高的利润收益，更好地激发员工的主人翁意识，让其真正与公司处于同一利益链条上，具有更强的工作积极性。

（2）融资阶段

随着公司融资次数不断增加，公司资金流数额更大且更加稳定，公司的业务规模不断扩大，业务量不断增加，公司的估值也不断增加，发展的不确定性逐步下降，公司发展优势与发展潜力不断凸显。

在这种情况下，公司可以结合实际情况提高行权价格，确定行权股价时可以以公司最新一轮融资为参照，取其每股价值的 50% 作为新的行权价格。采用此种做法能够有效保证股权激励的相对公平，使股权激励计划的实施与公司实际发展情况更为贴近，能够伴随着公司的成长始终处于动态平衡。

公司发展势头不断向好，员工持有的股权价值也会随着公司估值的升高而升高。参照公司的发展情况逐步提升行权价格，有利于让员工在工作过程中不再仅仅聚焦于短期福利，而是在股权的激励下立足长远，通过努力工作实现公司高质量、可持续的发展，真正将员工个人成长与公司的价值增长紧密结合起来，在企业内部凝聚成一股合力。

（3）Pre-IPO 阶段

在股权激励的引导下，公司内全体员工向着共同的目标不断奋斗，加快了公司的发展速度，实现了公司规模的不断扩大，公司整体架构、经营管理、业务模式都趋于成熟，即将通过上市获取更广阔的融资渠道，实现高速发展。该阶段的股权激励主要聚焦于两个核心：

● 结合上市监管的要求使公司具备相应的资质条件；

● 对那些为公司做出重大贡献以及对公司未来发展具有重要价值的员工进行奖励。

在这种情况下，可以以公司最近一轮融资估值的 70% 作为股权激励的行权价格。通过这样的设定，既能顺利通过上市监管，同时也能奖励那些对公司发展做出重要贡献的员工，更好地发挥他们的模范带动作用，汇聚全公司力量，共同推动公司在新的发展阶段走向更加美好的未来。

3.6 ▶ 定来源：确定标的股票的来源

3.6.1 上市公司股权激励标的来源

定来源即设计股权激励的两个来源，分别是股份从何而来以及如何获取用于购买股份的资金。股份的来源关系到其他股东的利益分配，还可能会影响到公司的正常运转；购股资金的设计则直接决定了设计者能否完成股权激励的分配过程。由此可知，只有确定了股份与购股资金的来源，公司的股权激励计划才能够顺利实施。

在当前市场环境中，上市公司一般可以通过以下五个途径获取股权激励股票。

（1）回购股票

回购股票是指公司基于一定的程序购回已发行或处于流通状态的股份的行为。上市公司回购股票一般有两种形式：其一，使用现金、公积金、优先股等换回股东持有的部分或全部股份；其二，发售债券募集资金，以回购股东持有的部分或全部股份。在资本市场已经十分成熟的国家，上市公司回购股票是一项重要的金融活动。我国《公司法》等相关法律法规也对回购股票相关行为作出了规定。

（2）定向增发

定向增发指公司向特定的投资人或机构发行一定数目的股票，该方法可用于快速融资，也可用于向目标对象发放股份，以便日后顺利行使股权。该途径只需经中国证监会的批准与公司股东大会的同意，灵活度较高。

（3）大股东转让

这一方式适用于大股东股份占比较高的公司，由于大股东的持股比例高，少量的股权转让并不会动摇其在公司中的控制权。一般来说，当股东持股比例高于 30% 时，视为对公司拥有控制权，在不改变这个持股水平的前提下进行股权转让是完全可行的。

（4）以他方名义回购

公司通过信托或证券经纪业务等方式，在证券交易市场中回购已发行的本公司股份，再将这部分回购的股份发放给激励对象。

（5）组合方式

不同途径各有优劣，具体需要根据实际的市场情况反复权衡。很多情况下激励股票的来源是多样的，如此才能尽量压缩购股成本，使股权激励行为更具可行性。

3.6.2　非上市公司股权激励标的来源

与上市公司相比，国家产业政策对于非上市公司的约束较少，转让流程更简单。非上市公司股权激励的股票来源主要有以下几种。

（1）创始股东预留股权

初创企业的创始股东往往都会预留出一部分用于激励的股权，在公司的发展达到预期、满足发放股权激励的要求后，由创始股东将这部分预留的股权转让给激励对象。转让预留股权，通常需要员工持股平台的参与，员工在创始股东建立的有限合伙企业中作为合伙人，预留股份由该合伙企业持有。

转让形式分为有偿转让与无偿转让，但无论何种形式，通常都会以不同名义收取少量费用，这既保证了程序的规范，又给予了员工参与公司事务的成就感。

（2）原股东出让股权

原股东出让自身股权时，可由大股东从 30% 以上的股份比例中全额出让，也可以由各持股股东按自身所占公司股份的比例共同出让。

《公司法》第八十四条规定："股东向股东以外的人转让股权的，应当将股权转让的数量、价格、支付方式和期限等事项书面通知其他股东，其他股东在同等条件下有优先购买权。股东自接到书面通知之日起三十日内未答复的，视为放弃优先购买权。"

由此可知，其他股东可以选择优先购买这些待转让的股权，这就会导致股权无法顺利过渡到激励对象手中。发起提议的股东需要说服其他股东同意转让，股权才能转让给激励对象。由于股权比例关系到股东在公司中的话语权，因此很少有人会选择这一途径进行股权激励。

（3）增资扩股

增资扩股主要指增加注册的资金，由于资金增加而新增的这部分股权由激励对象认购，由此完成股权激励的发放过程。由于股权转让的激励性质，公司在出让股权时，会为激励对象提供股价方面的优惠，如有些公司会将股票估价折半后供激励对象购买，避免出现员工因资金不足而享受不到股权激励的情况。

通过这一途径进行股权激励，还可以扩大公司的注册资本，用于公司的日常运作、信用担保，但也会导致原有股东手中的股份被稀释，使其对公司的掌控能力减弱。

（4）股份回购

非上市公司的股份回购一般不通过信托等第三方机构，而是直接由公司完成。公司向个别股东购买股权，再将股权转让给激励对象。在我国现行产业法律中，公司不得收购自身股份，但以奖励员工为目的收购公司股份是可行的。

如一些由科研机构发展而成的企业中，一些年龄较大的员工已经退休，却依然占有公司股份，拥有股东身份，不参与公司事务却参与决策流程，因此可能会阻碍公司的正常运行。公司发展的生力军却因为待遇不足、缺乏上升空间而不断流失。对这些公司来说，回购退休员工手中的股份，发放给对公司贡献较大的员工，既能够促进公司管理层的更新，又可以提高公司的凝聚力，为公司的发展注入新的活力。因此，股份回购不仅是向新股东发放股利的手段，更能够调整公司的资本结构，助力公司发展。

3.6.3　确定股权激励购股资金的来源

除确定股份来源以外，确定用于购入股票的资金来源也是定来源的一部分。购股资金是受股权激励方式影响的。如虚拟股票只向员工发放分红与股票升值带来的收益，因此不需要考虑购股资金的来源，类似的还有转让股票增值权。而发放限制性股票、股票期权等方式，就需要确定购股资金的来源。

购股资金可通过自筹资金、工资或奖金扣除、业绩奖金、公司借款等方式获得。四种方式的过程以及部分注意事项如下。

（1）自筹资金

公司向激励对象表达转让股权的意愿后，二者签署相关协议，确定股权转让的细节，再由激励对象自行筹集资金购入股份。很多情况下激励对象能够筹集到的资金不足以支付股权转让份额，可以由公司提供分期购入的方案。

（2）工资或奖金扣除

有些公司选择直接从激励对象的奖金中扣除一部分用于购买股权，通过这一途径获得购股资金时，首先要与激励对象进行协商，因为工资与奖金是员工的合法权益，公司不能自行决定去向。通过该方式获得的购股资金是在员工未来收入中分期扣除的，因此本质上同样是自筹资金。

（3）业绩奖金

当公司的盈利情况良好时，可以选择在本年度增收规模的基础上发放一定数量的业绩奖金，用于激励优秀员工。员工可以选择奖励的形式，如发放现金或作为购股资金购买股权，享受公司股东权利。

（4）公司借款

公司或持股人出借资金给激励对象，或为激励对象的贷款提供担保。该方法仅适用于未上市公司，详见《上市公司股权激励管理办法》的第二十一条规定：

"激励对象参与股权激励计划的资金来源应当合法合规，不得违反法律、行政法规及中国证监会的相关规定。上市公司不得为激励对象依股权激励计划获取有关权益提供贷款以及其他任何形式的财务资助，包括为其贷款提供担保。"

结合以上内容可知，确定购股资金的来源首先要符合国家产业法律的规定，保证筹资过程的合法合规；其次要充分考虑公司的资本结构、财务状况，选择最实际的方法；最后还要尊重激励对象的主观意愿，由公司与员工协商确定筹资细节，并提供完整的书面材料。

定来源不但会影响公司的现金流规模，还可能会侵占原持股股东的利益，更关系到激励对象本人能否取得足够的长期收益，因此公司在进行股权激励时必须慎之又慎，实现可行性、规范性、公平性的协调统一。

3.7 ▶ 定时间：股权激励的时间安排

股权激励是公司运营的重要一环，旨在提高员工的工作积极性，以进一步拓展业务规模，实现收益增长。而股权激励的实践，必须切合公司的发展历程与员工个体的阶段性成就，在恰当的时机进行。

通常来说，公司对于发放股权激励会有若干规定，员工达成规定中的激励条件后，才会进入股权激励的正式流程。员工达成条件的时间节点不同，实施激励的时间节点也就存在差异。员工的工作进度不尽相同，导致激励日程的差距较大，可能会使得公司的股权激励安排冗杂。

因此，定时间是股权激励操作流程的重要内容。首先，要明确股权激励步骤中几个比较重要的时间概念，分别是有效期、授予日、等待期、窗口期、可行权日及禁售期。对于公司来说，需要严格制定符合本公司管理结构与规模、不违反产业法律规定的激励原则，制定配套的时间轴。

3.7.1　有效期

有效期是指公司决策部门通过激励计划到公司按照激励计划向激励目标转让最后一批股权的这段时间。公司通过股权激励计划，能够参照规定向激励目标出让股权的日期就是生效日。

在设置有效期时，应充分考虑以下几个方面的内容。

（1）法律的强制性规定

从产业法律体系来看，股权激励的相关规定大多是为了约束上市公司，如《上市公司股权激励管理办法》第十三条中规定，从首次授予权益日开始计算，股权激励的有效期不得超过 10 年。

在股权激励有效期方面，我国法律还未对非上市公司进行强制性规定，但设置的有效期通常为 3 ～ 8 年。在实际运营中发现，股权激励的有效期基本与公司实现本阶段目标的时间段相吻合。基于这一点，公司可以通过衡量有效期与公司阶段性运营的时间长短，评估激励对象的工作效果是否理想，从而不断改进运营策略。

（2）激励对象劳动合同的有效期

除依据相关法律的强制性规定外，股权激励的有效期必须处于激励对象劳动合同有效期之内，否则会出现激励对象已经离职而激励计划仍在进行中的情况。

（3）激励性与约束性的平衡

对于公司股东来说，有效期越长，意味着公司的现金流压力越小；在激励对象眼中，有效期越短，股权发放的速度越快，收益就越稳定，风险就越低。因此，公司在设置股权激励的有效期时，必须综合考虑公司原有股东和激励对象的需求，让股权激励的成本、风险、收益都处于可控的范围内。

3.7.2 授予日

股权激励权益的授予日，是指公司与激励对象协商敲定股权激励实施细节后，激励对象能够开始获得各种股权的日期。授予日的确定意味着股权激励的开始，等待期、行权日等多项时间概念都是根据授予日进行计算的。

上市公司在授予日必须完成第一笔股权的交易，非上市公司则没有这一限制。我国现行法律对于非上市公司的授予日没有硬性要求，公司可自行决定。此外，非上市公司对交易日与非交易日不作区分，可以随时进行股权转让。

为了使工作日程更加精简，通常会将工作进度相近的激励对象的授予日安排在一天，在此基础上，还应注意以下几点：首先，授予日必须安排在工作日，使股权激励工作更加合法合规；其次，授予日应与公司的考核日期临近，便于根据员工工作成果来发放激励；最后，授予日应设置在公司阶段性运营的起点，如此一来，公司的阶段性目标就能够与股权激励工作联系起来。

3.7.3 等待期

等待期即公司向激励对象转让股权到激励对象获得股权的这段时间。不同公司对等待期的设置不同，激励对象可能要接受一段时间的考核，满足公司要求的条件，才能顺利行使股东的权利。在设置等待期前，公司要确定等待期的长度及对应的协议与约定等。

关于等待期的时长，相关法律对上市公司与非上市公司制定的标准也不同。《上市公司股权激励管理办法》第二十四条规定：限制性股票授予日与首次解除限售日之间的间隔不得少于 12 个月。对于限制性股票，在限售解除后的 12 个月以内不得设置授予日，其他类型股票不作特别规定。非上市公司则没有上述要求，由公司自行决定。

等待期的设置还会受到行权方式的影响。以下四种等待期，行权方式各

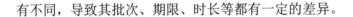

有不同，导致其批次、期限、时长等都有一定的差异。

（1）一次性等待期

若公司在激励计划中标明股权是一次性授予，授予后激励目标可直接行使股权，这种等待期就被称为一次性等待期，等待期满后员工可获得全部股权。采用这种等待期，公司可以协调等待期与公司的阶段规划，用于激励员工，提升公司在未来某一时间段的业绩。

（2）分次等待期

若公司在激励计划中标明股权是多次分批授予，经多次分批授予后激励对象可以完全行使股权，这种等待期就被称为分次等待期。分次等待期能够将公司利益与员工利益长期绑定在一起，避免员工短期获利后工作热情下降，是一种相对较为保险的股权等待方法，因此使用较为普遍。

（3）业绩等待期

业绩等待期是指激励对象必须在有效期内取得较为出色的成绩，才能够获得协商好的股权。这种等待期虽然不分批次，但时间不固定，必须在激励对象产出业绩后结算。业绩等待期适用于公司经营状况不佳的时候。

（4）阶梯形等待期

若公司在激励计划中标明股权是一次性授予，但数目分批加速或减速完成，这种等待期就被称为阶梯形等待期。如公司决定在未来三年内分别授予激励对象1万股、2万股、3万股，或3万股、2万股、1万股，以匹配公司未来数年预期的财务状况，这通常会根据公司面临的实际市场形势决定。

3.7.4　窗口期

窗口期即等待期满后激励对象能够行使股权的一小段时间，在等待期满后，激励对象就可以向公司提出行使股权的申请。

一般只有上市公司才有窗口期这一概念，非上市公司的股权发放时机依然由公司视需要决定。这是因为从股权激励的机制来看，只要等待期满，激励对象就拥有了对股票的处置权，但公司一旦上市，激励对象完全可以利用所掌握的内部信息操纵市场，因此在实践中，证监会通过在等待期后设置若干窗口期的方法来避免暗箱操作。

公司在设置窗口期时，必须以自身的管理效率为基础，还需要考虑整个公司的管理局面。若公司窗口期设计杂乱，且对于股权的行使没有作出规定，拥有股权的员工在窗口期集中、反复要求公司授予权利，会大大增加公司的管理压力。

3.7.5 可行权日

可行权日即员工向公司申请行使股权，经公司考虑并批准后，能够开始行权的日期。

可行权日标志着行权期的开始，行权期即从可行权日开始到股权失效的这段时间。行权期的可选择性较大，激励对象可以预测未来的股价，并结合公司的财务状况、市场变化趋势，选择合适的时间行使股权。

非上市公司由于股价不直接受市场波动影响，依然由公司根据自身实际情况设置行权期。目前主要有五种确定行权期的方法，如表 3-6 所示。

表 3-6 确定行权期的主要方法

方法	主要内容
根据授权日设计	公司可以将授权日作为参照，将授权日后的某一天设为行权日，该方法需要结合公司的激励计划使用
根据工龄设计	公司规定员工必须达到一定的工作时长后才能拥有行使股权的资格，并将激励对象的可行权日设置为满足工龄要求的日期
根据特殊日期设计	公司将特殊的节日或对公司具有特殊意义的日期作为可行权日，可以进一步激发员工的积极性
根据绩效设计	公司要求员工必须完成一定的业绩之后才拥有行使股权的资格，并将激励对象的可行权日设置为完成业绩的日期，适合经营状况不佳的公司
根据综合标准设计	公司结合以上几种设计方式，严格按照量化标准确定可行权日

3.7.6　禁售期

禁售期即强制持有期，指的是激励对象获得股权后被强制持有股票的一段时间。激励对象在这段时间内不得出让股票，目的是防止激励对象恶意售卖股权，谋取私利，造成公司的股权在短期内快速流失，损害公司的利益，阻碍公司稳定发展。

与其他阶段不同，法律规定非上市公司同样需要设置禁售期，从长远来看，这一举措能够将激励对象的收益与公司的发展成果绑定在一起。禁售期的设置方法与股权激励的模式有关。一般来说，激励对象获得股权后一年内不得随意出让股份，之后每一年，都可以出让原数额 25% 的股份；若一次性完全转让，禁售期需要设置为两至三年。

设置禁售期不但可以防止激励对象快速套现，而且变相延长了股权激励的进行周期。非公众公司向特定对象发售股票，其交易存在若干限制，禁售期基本只是针对公司董事与高管而言的。公司也会在激励合约中保留一些回购条款，确保当公司股份外流时能够及时追回股份，保障公司的财务安全。

第 4 章

股票期权激励操作要点

4.1 ⟩ 股票期权的原理、要素与范围

4.1.1　股票期权基本原理与价值

股票期权激励是企业管理中的一种长期性激励手段，目前已广泛应用于多个国家的企业管理当中。具体来说，股权激励的形式多达十余种，其中，股票期权是最简单、最基本的一种，可以进一步衍生出其他的股权激励形式。

（1）期权的基本概念

期权是一种涉及买方和出售人两方的合约，能够赋予买方或持有者在某一时间以固定价格购进或售出一种资产的权利，且持有者只享有权利，不承担实际的买卖义务。

期权主要包含看涨期权和看跌期权两种类型，如表 4-1 所示。

表 4-1　期权的两种类型

类型	主要内容
看涨期权（Call Option）	看涨期权也被称为认购期权、买进期权或买方期权，指的是期权买方在期权合约约定的有效期内按约定价格买进一定数量的特定商品的权利。对期权买方来说，可以选择是否买进该商品；对期权卖方来说，必须在约定有效期内按约定价格卖出该商品
看跌期权（Put Option）	看跌期权也被称为认沽期权、卖出期权或卖方期权，指的是在某一时间按约定的价格和数量卖出某一特定商品的权利。对期权买方来说，可以选择是否向期权卖方按约定价格卖出一定数量的某一特定商品；对期权卖方来说，必须按照买方的要求在合约约定的有效期内买入这一特定商品

（2）股票期权的基本原理

股票期权是一种激励机制，指的是企业授予激励对象在合约规定的到期

日或到期日以前按预定价格和约定条件买入一定数量的本公司股票的权利。一般来说，激励对象可以选择行使或放弃这一权利，也可将其用于偿还债务，但不能转让、质押这一权利。

当公司授予激励对象股票期权时，激励对象无法马上行使各项相关权利，在达到合约中规定的日期后才能获得行权资格。具体来说，公司授予激励对象股票期权的日期为授权日；激励对象获得行权资格的日期为可行权日；从授权日到可行权日之间的时间为等待期，也称行权限制期；公司与激励对象通过合约来约定的期权到期的日期为到期日；激励对象行权的日期被称为行权日；公司授予激励对象行权的期权为可行权股票期权。一般来说，激励对象可以在获得行权资格后行使期权购买股票。

（3）股票期权的价值

股票期权的价值通常会受到以下几项因素的影响，如图4-1所示。

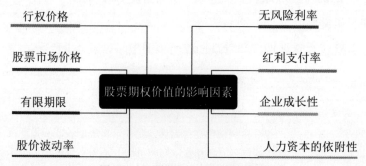

图 4-1　股票期权价值的影响因素

①行权价格。期权的价值主要包含两部分，一部分为内在价值，另一部分为时间价值，其中内在价值是股票市场价格与行权价格之差。看涨期权的期权价值与行权价格之间存在反比关系，当行权价格升高时，期权价值会下降；看跌期权则反之。

②股票市场价格。期权价值与股票市场价格之间存在正比关系，当股票市场价格升高时，期权价值也会随之上升。

③有限期限。对激励对象来说，有限期限越长，可选择的执行期权的时

点越多，获取利益的机会就越多。

④股价波动率。当股价波动率较高时，股价上升或下降的机会也随之增多。对激励对象来说，这可能会为其提供获取更大利益的机会，但对经理人来说，往往需要承担更大的风险。

⑤无风险利率。无风险利率能够影响股票价格预期和现金流变动，进而影响股票期权的价值。

⑥红利支付率。一般来说，股票价格为除息日前的价格与红利之差，由此可见，股票价格与红利之间存在反比关系，当红利增加时，股票价格会下降，进而导致看涨期权的股票的期权价值也随之下降。

⑦企业成长性。企业的成长性能够在一定程度上影响股票的未来行权价格，当企业的成长性较高时，股票的未来行权价格会比较高，期权价值也较高。因此，大多数企业选择在初创期和成长期进行股权激励，而非成熟期。

⑧人力资本的依附性。对人力资本依附性较强的企业来说，经理人工作的努力程度对公司股价的影响较大，当经理人努力工作时，公司股价上涨的概率增加，期权价值也会随之升高。

4.1.2　股票期权激励的基本要素

在授予激励对象股票期权时，企业需要确定行权禁止期限、可行权期、行权价格、期权价格、股票种类和交易数量、有效日期等各项相关信息。

（1）行权禁止期限

行权禁止期限即行权限制期，指的是合约约定的从授权日至生效日截止的期限。从实际操作来看，各企业在推进股票期权激励计划时都会与激励对象约定好行权禁止期限，激励对象只能在合约约定的时间内行使股票期权购买股票。

《上市公司股权激励管理办法》第三十条规定"股票期权授权日与获授股票期权首次可行权日之间的间隔不得少于12个月"。一般来说，大多数企业在授予激励对象股票期权时并不会收取任何费用。

（2）可行权期

可行权期指的是股票期权生效日至失效日之间的时段。影响激励对象在可行权期内行权的因素主要有两项。一项是股权激励计划中的行权条件，也就是公司与激励对象约定的绩效考核目标。另一项是股票期权有效期内的股票市场价格。当市场价高于约定的行权价时，期权为实值期权，对激励对象来说，此时是行使期权的好时机，可以按约定行权价买进公司股票，再按市场价卖出，赚取二者之间的差额；当市场价低于约定的行权价时，期权为虚值期权，对激励对象来说，此时并不适合行使期权。

（3）行权价格

行权价格指的是激励对象按照合约行使期权时的结算价格。一般来说，若股票期权为看涨期权，交易时的股票协定价格通常高于股票的市场价；若股票期权为看跌期权，交易时的股票协定价格通常会低于股票市场价。

（4）期权价格

期权价格即期权费、期权买卖价格、期权销售价格，指的是期权购买方在获取期权签发方让渡的期权时向其支付的费用，通常以保险金的形式存在。具体来说，期权价格主要受以下几项因素影响。

①期权合约中规定的时间。签约日与履约日之间的间隔时间越长，购买方可选择的机会就越多，签发方所面临的风险就越大，因此期权价格也就越高。

②股票协定价格。当股票协定价格与股票的市场价相近时，期权价格往往较高。

③期权所指股票的活跃度。当股票的市场价格波动较小甚至几乎不变时，签发方所面临的风险较低，期权价格也较低；反之，期权价格则较高。

④供求关系。当购买方数量增多，需求增加时，签发方会提高期权价格；反之，签发方则会降低期权价格。除此之外，期权转让也会影响供求关系，

进而对期权价格造成一定影响。

（5）股票种类和交易数量

公司与激励对象签订期权合约时需要在合约中标明股票种类和交易数量，一般来说，一份股票期权合约中规定的交易数量是 100 股股票。

（6）有效日期

公司与激励对象签订的期权合约中应包含生效期和失效期，明确激励对象的行权时间。一般来说，大多数期权合约中设置的有效期为 3 个月、6 个月或 9 个月。

4.1.3　股票期权激励的适用范围

股票期权可以作为上市公司以及非上市公司的激励工具，其适用范围与公司是否上市无关，而是与模式相关。股票期权模式具有高风险、高回报的特点，适用于初始资本投入少、资本增值速度快、人力资本依附性较强的企业。具体来说，使用股票期权激励的企业通常具有以下特点，如图 4-2 所示。

图 4-2　使用股票期权激励的企业特点

（1）处于竞争性行业的企业

当企业处于竞争激烈的环境中时，必须通过不断创新和奋力发展来适应环境，因此需要利用股票期权激发员工潜能，与员工形成利益共同体，激励员工努力工作，借助员工的力量来推动企业快速发展，增强企业的市场竞争优势。

（2）成长性较好的企业

这类企业大多处于创业黄金期或发展扩张期，拥有十分广阔的发展空间和待开发市场，具备较大的增长可能性，可以借助有效的激励措施来带动激励对象努力工作，进而达到助力价值创造的效果，进一步增强企业的竞争力。

（3）人力资本依附性较强的企业

人才资源和人力资本是影响这类企业发展的重要资源，为了未来发展，企业需要借助股票期权来留住企业经营发展必需的专业人才，帮助其实现个人价值，进而实现企业与员工共赢。

综上所述，适合采用股票期权激励方式的企业主要具有处于竞争性行业、成长性较好和人力资本依附性较强三个特点，比如，处于初创阶段或快速成长阶段的电子、软件、投融资、生物医药、网络通信、培训咨询等行业的企业。与传统企业相比，这些企业大多为技术密集型和智力密集型企业，对人力资源的依赖性较强，且在人力方面支出的成本较高，利用股票期权来激励员工既不会影响现金流，也能够加强员工利益与企业利益之间的联系。由此可见，对这类企业来说，股票期权是减少当期激励成本支出和留住人才的有效工具，有助于企业通过长期激励来推动自身实现可持续发展。

4.1.4 【案例】微软：股票期权计划的运用

微软是首个用股票期权来激励员工努力工作的企业。微软针对董事、高管和员工分别制订了相应的股票期权激励计划，利用激励性股票期权来激发各级员工的工作热情，同时也利用限制性股票期权来对各级员工的行为进行限制。

从收入的构成情况上来看，员工收入主要包含薪酬和股票升值收益，微软采取低工资、高股份的模式，向员工发放的薪酬相对低于竞争对手，但向员工提供较高的股票比例，以提高自身对行业顶尖人才的吸引力，建立人才方面的优势，进而达到增强自身核心竞争力的效果，进一步巩固自身的行业领先地位。

由于受股市震荡的影响，股票期权的激励效果有时并不理想，加之微软决策层在运营过程中注意到股票期权成本较高的问题，于是在 2003 年 7 月开展薪酬制度改革工作，取消股票期权激励制度，并从 2003 年 9 月开始向员工发放限制性股票，计划在 5 年内将股票所有权转移给各级员工，与此同时，微软将各个高管的股票期权改为股票奖励。

具体来说，微软以奖励的形式向各级员工发放限制性股票后，员工在 5 年内不能将这些股票转让或卖出，若员工 5 年后仍未离职，则可通过卖出这部分股票来获取收益。除员工外，微软对各个高管也采用限制性股票奖励制度。

微软在历史财务报告中注明了涉及股票的各类奖励成本，如期权等，同时也表示将会在未来财务报告中标明与限制性股票激励相关的各项支出。

由此可见，对处于初创期或成长期且人力资本依附性较强的企业来说，股票期权能够发挥出较强的激励作用。但当企业处于成熟期或整个行业开始下行时，股票期权使用成本将大幅增加，过高的成本甚至可能对激励效果造成不良影响，进而导致业绩下降，此时，企业需要探索并应用更符合自身实际情况的其他股权激励模式，实现有效的人才育留和人才激励，以便进一步提高业绩水平。

4.2　股票期权会计处理问题与方法

4.2.1　股票期权的基本会计原理

现行的会计模式将经理人股票期权（Executive Stock Option）视为一种特殊权益。对于经理人股票期权来说，其对象是经理人提供的劳务，在确认这项期权的同时要将报酬成本确定下来。这样做的原因在于，公司为获得经理人的劳务授予其有价值的股票期权，这与费用的相关特征相符，所以要先确定相应的费用。

对于股票期权持有人来说，股票是其获取收益的凭证。从上市公司的角度来看，股票是公司未来要支付给股东的现金流的贴现值。虽然法律没有对公司支付股息的行为做出强制性要求，但市场对其施加了一定的压力。再加上股票是一种风险性较高的投资，所以人们对投资报酬率也提出了很高的要求。在这种情况下，从现金流方面来看，相较于借债来说，发行股票这种筹资方式需要付出更高的代价，需要发行公司支付更高的费用。

从某种程度上看，股票期权就是一种分红，它和分红的区别在于，分红分享的基数是会计计算出来的利润，股票期权分享的基数是股票的市场价格。企业以股票期权的行权价为参照交付股票，如果行权价比股票的市场价格低，企业就要承担相应的经济损失。对于企业来说，这是一项实际支出的费用。从这个层面来看，经理人获得的利益越多，企业遭受的损失就越大。

企业授予经理人一定的股票期权，虽然没有产生实际的现金流，但股票期权已被视为报酬的等价物。权责发生制规定，企业要按照授予经理人股票期权当天的价格进行计算，并在行权期结束之前将这项费用确定下来。

要想将股票期权的实质反映出来，对股票期权价值进行有效核算，企业就要对所有者权益的内涵进行拓展。企业所有者权益要在现有的内容之外增加非股东所有者权益的相关内容。在此之前要丰富所有者的内容，将"非股东所有者"或者"或有股东"等概念加入其中。虽然企业经理人不是企业的原始股东，但经理人通过股票期权行权很有可能跻身股东行列，成为企业的所有者。只有这样才能将经理人股票期权视为一项或有权益进行确认。

4.2.2　股票期权的计量核算方法

（1）股票期权计量问题

股票期权计算方法有两种，一是内在价值法，二是公允价值法。

①内在价值法。内在价值指的是企业所有人授予经理人股票期权当天股票的市场价格比行权价高出的部分。二者之间的差值越大，股票期权的内在价值就越高；反之，股票期权的内在价值就越低。也就是说，股票期权的价值在很大程度上取决于授权日当天股票的市场价格与行权价之差。内在价值的计算方法非常简单，股东理解起来非常方便，能够为企业参与市场竞争提供便利。

②公允价值法。公允价值法对股票期权定价的依据是期权定价模型，该模型对影响期权时间价格的因素做了充分考虑，这些因素包括行权期限、预计股票价格波动率等，人为因素在其中发挥的作用很小。该计算方法具有一定的科学性、客观性，也从计价方面让经理人股票期权与其他金融工具实现了统一。期权价值一旦通过公允价值法得以确定就不会再调整，可保证会计处理的有序性。

当然，这种方法的使用也要对影响期权价值的因素进行充分考虑，适时修正期权定价模型，以便计算出真正的公允价值。这种期权计算方法对期权的内在价值、时间价值做了充分考虑，在期权核算方面，公允价值法是一种最主要的方法。

（2）股票期权计量属性选择的不确定性

①内在价值法的不足。从定义方面来讲，股票期权就是一项权利，凭借这项权利，行权者可以选择在规定的期限内按照行权价购买公司股票，也可以选择不购买。事实上，股票期权也是一种有价值的金融资产，可影响企业的资产结构、资本数量。对于推行股票期权激励计划的企业来说，股票期权价值计量的准确性、科学性至关重要。企业使用内在价值法计算股票期权的价值，只考虑到了授权当天股价与行权价之差，没有充分考虑时间因素。如果企业回购的股票的市场价格比行权价高，企业就要承担较大的成本，企业资产也会受到较大的损失。

除此之外，内在价值法还存在一些其他问题，比如内在价值法在处理固定型股票期权和不确定性股票期权时使用了不同的方法，容易造成混乱；调整频繁导致会计处理过程不具备内在的逻辑一致性；不能用来对复杂的股票期权及其他衍生出来的金融工具进行计算。

②公允价值法的不足。公允价值法可用来计量金融工具，特别是衍生出来的金融工具。但如果没有公开标价，计量时就会产生强烈的主观性，导致计量价值不公允。

（3）高新技术企业可采用内在价值法

为了推动高新技术企业发展，我国发布了很多利好政策，鼓励其积极参与国际市场竞争。国外很多高新技术企业使用了内在价值法，这种方法不需要太多数据，计算方便，因此成本较低，为产品提供了一个广阔的降价空间。我国高新技术企业在确认期权费用时选用内在价值法，可以通过降价获取一定的竞争优势，进而在国际市场竞争中取胜。

4.2.3 股票期权行权条件的确定

现阶段，我国股票市场处在弱有效市场状态，公司利润并没有与股票价值建立强关联。对于经理人股票期权激励的报酬形式，企业、行业仍在不断探索，由于经理人很少持股，其股票期权会对企业利润产生何种影响、会对经理人产生何种激励效果很难确定。根据我国会计准则的相关规定，如果不对股票期权授予进行会计处理，经理人行权时入账就会被确认为延迟费用，就违背了配比原则的相关要求。而且在行权时入账就表示经理人只享受权益，不承担风险，导致股票期权只能发挥激励作用，无法对经理人的行为进行约束。

相较于其他报酬形式来说，股票期权具有延期支付的特点，其作为激励机制的核心，却增加了会计计量的难度。无论是企业所有者还是被授权的经理人，都无法在授权当天对行权期间的股票价格走势做出准确预测，也就无法对行权给公司带来的损害、给持有人带来的利益做出预估。在这种情况下，人们会认为股票期权费用化不准确，从而对其实际意义产生怀疑。另外，会计计量的不确定也使股票期权费用化遭到了很多人的反对。

同时，如果规定的行权价格比股票的市场价格低，股票期权的持有人不会行权，就会导致股票期权激励计划难以发挥出应有的作用。具体来看，股权激励计划提前确定行权价格会产生以下问题：

● 如果股票的市场价格比行权价格低，股票期权持有人就会选择不行权，因此无法获得行权收益，股票期权计划的激励作用也得不到充分发挥。

● 在这种股权激励模式下，激励对象会利用内幕消息故意抬升股票的市场价格，以获取更多行权收益。公司的高层管理者可利用自己的权限与信息优势制订公司发展计划，对外发布股票利好信息，在行权价格确定的情况下使股价与行权价之间的差距无限放大，以获取更多行权收益。

（1）行权价格的确定

确定高级管理人员或技术骨干等高级人才行权价格的方法并非固定的，通常是双方约定一个具体价格，目前国内很多企业采用股票期权授出日前30日内收市平均价格的80%作为行权价格。在行权价格的确定方面，行权期的确定也尤为关键，为了起到长期激励效果，可以将行权期确定在5～10年之间。

激励对象覆盖范围应该包括企业所有关键业务，同时，结合行业对该类人才的平均激励水平，确定员工获得的股票数量。

（2）行权时间的确定

在企业所有者将股票期权授予经理人时，股票期权就已经产生了实际影响，并且在经理人薪金构成中是非常重要的一部分。在这方面，我国的企业可以向全球范围内的知名企业学习，在授权时就确认为费用入账。这样做的原因在于，自授权之日起，经理人就为了获取这项权利向企业贡献自己的劳务，企业开始承担授权义务。在股票期权授权后，经理人的工作业绩会发生一些变化，股东为了对这些变化进行全面了解，要在授权时对股票期权费用进行确认。

这种确认方式可以带来两大好处：一是可以让股东对经理层的报酬情况及相关的管理成本有全面了解；二是可以及时入账，减少企业税负，即便行权人最终没有行权，也可以减少税负。

4.2.4 股票期权的信息披露问题

近年来，全球资本市场出现了大幅波动，关于上市公司经理人股票期权激励计划的质疑也层出不穷，随着经理人股票期权对公司业绩的影响越来越深刻，经理人股票期权的会计信息披露显得尤为重要。下面进行简单分析与探讨。

（1）股票期权会计信息披露问题

①表内披露。经理人股票期权的资产负债表要包含两项内容，一是经理人股票期权，二是递延报酬成本。期权是一种权益，要单独列在所有者权益中；递延报酬成本与资产的定义不符，因此不能被视为一种资产，要作为期权的减项明列出来。

报酬费用要体现在损益表中，根据经理人服务的部门将其列入不同的项目，比如产品成本、销售费用、管理费用等。在损益表中，每股收益是一个重要指针。考虑到期权是一种约当普通股，每发行一股，其收益就会被稀释一点，所以要对每股收益和稀释之后的每股收益进行计算，并进行双重披露。

②表外披露。表外披露指的是对表内披露的内容进行细化、补充。表外披露的信息有两种：第一，经理人股票期权的概况与主要内容；第二，会计政策，也就是使用的计量方法和说明。总而言之，披露要遵循三大原则，一是披露相关信息，二是披露的信息真实、可靠，三是充分反映股票期权会计信息，从而为投资者决策提供强有力的支撑。

（2）加强股票期权会计信息披露

会计信息披露要以充分披露为原则，为使用者提供尽可能完善的、充足的、有价值的信息。另外，企业要完善现有的财务报表，将期权对公司财务状况、经营业绩等方面的影响充分展示出来，将期权的相关情况（比如行权期、行权费用、行权价格、数量等）予以公开。对于已经确认的期权，企业要对其确认基础、计量属性做出充分说明；对于没有确认的期权，企业要对没有确认的理由予以明确。

如果企业使用的是公允价值法，还要将期权的公允价值、公允价值的计算方法、公允价值变化带来的损益及相关的处理方法等信息予以公示，让股东对公司的财务状况有更全面的了解。简言之，股票期权报告要建立在充分披露原则的基础上，为了说明情况，可以在现有报表之外使用辅助报表。

总之，随着越来越多的企业推行股票期权激励计划，为了保证股票期权激励能发挥出应有的作用，企业要制定股票期权的会计处理原则，对股票期权会计处理方式进行规范。在这方面，我国可以借鉴欧美等国的经验，将其与我国实际情况相结合，对股票期权的会计处理方式予以规范，在大范围内推行。随着各项法律法规不断完善、资本市场不断成熟、产权制度改革不断深化，我国股票期权会计处理会越来越科学、规范。

4.3　我国股票期权激励制度存在的问题与对策

4.3.1　我国股票期权激励制度存在的问题

随着《上市公司股权激励管理办法》的推行，越来越多的上市公司提出了股票期权激励的具体方案，并基于企业的具体情况逐步开始落实，以提升企业管理者工作的积极性、主动性。这种刺激企业高管人员爱岗敬业、努力进取的方式已在欧美等国得到了广泛应用，事实也证明，通过股权激励，员工确实能为企业创造更多价值。

企业之所以实施股票期权激励制度，主要是因为公司在发展过程中出现产权模糊、员工收入分配不合理等问题，导致企业经营者追求的个人利益偏离了企业所有者的发展目标，会给股东利益带来损失，也不利于企业的长远发展，在这种情况下，企业需要将所有者的利益与经营者的利益结合起来，使两者保持一致。股票期权作为一种行为制度，能够帮助企业实现这一目标。企业通过采取这种经济激励模式，能够把企业股东与员工的利益捆绑到一起，实现个人利益与企业总体利益的统一，通过这种方式调动企业员工的积极性，进而推动企业的发展。

通过对我国的企业进行分析调研，可以总结出我国股票期权激励制度主要存在以下三方面的问题，如图 4-3 所示。

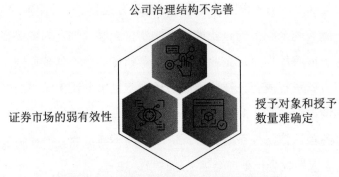

图 4-3　我国股票期权激励制度存在的问题

（1）公司治理结构不完善

企业要想充分体现股票期权激励的价值，就要建立完善的治理结构，并在发展过程中不断进行优化。国内不少大型企业最初为国有企业，国有股占有较高的比重，相应地，国有股东无论是在公司的董事会、监事会，还是在股东大会上都拥有绝对的话语权，公司的薪酬管理委员会在处理相关问题时常常有失公允。

另外，国内相关法律政策体系仍有待完善，股票期权激励计划在我国的发展仍然处于探索阶段，个别企业控制人凭借自己的地位及优先获得的信息，

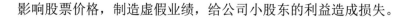

影响股票价格，制造虚假业绩，给公司小股东的利益造成损失。

（2）证券市场的弱有效性

要充分发挥股票期权激励的价值，就要保证证券市场的有效性。尽管国内证券市场的发展速度很快，但因为历时较短，还未形成完善的市场机制，很多证券市场在运营过程中会出现股价大幅上涨和下跌、大户投资者操纵股市等问题。另外，因经济环境、行业发展、市场变动等因素的影响，证券市场的运行比较盲目，公司的实际市场价值无法通过股票价格客观地反映出来，这也增加了企业实施股票期权激励的难度。

（3）授予对象和授予数量难确定

就授予对象而言，通常情况下，企业实施股票期权激励的对象为内部高层管理者、核心技术人员等，企业的股本规模不同，给激励对象提供的股票数量就不同。因此，即便是同领域、发展水平相当的企业，其股权激励计划的实施也会存在明显的区别，就授予数量而言，需要综合公司业绩、员工职位及贡献等多方面因素进行考量，以确保方案的实施既能够发挥应有的激励作用，又不损害公司的利益。

股票期权的授予是一个复杂的过程，还可能涉及会计、税务等多方面的问题，其处理和披露过程必须符合相关法律法规的规定。总之，企业制订和执行股票期权激励计划时，需要密切关注市场动态以及自身发展，综合考量多方面因素。股票期权激励授予对象和授予数量的确定对于国内大多数企业而言具有比较高的难度，需要谨慎对待。

4.3.2 对策1：健全股票交易市场制度

通过股票期权激励制度，企业员工薪酬与企业股价绑定在了一起，与企业经营业绩产生了间接联系，因此该制度是一种非常有效的激励制度。但要想将这项制度的激励作用充分发挥出来，企业股票价格就必须真实反映企业经营业绩，需要构建一个健康、稳定、理性的股票市场，建立健全股票交易制度，有效维护金融市场的秩序，保证交易活动的公开性、公平性、公正性，有效维护中小股东的权益。

完善的证券市场是股票期权激励机制得以落地的重要基础，所以，我国必须加强证券市场建设。一方面，要加快建设并出台相关的法律法规和政策制度，对上市企业的行为进行规范，为企业实施股票期权激励提供有利的环境条件；另一方面，发挥证监会对股票市场的监督作用，发展国内的会计信息披露制度，对市场上存在的违法违规行为进行严惩。此外，还要降低投资行为的盲目性，提高证券市场运行的理性化程度。

加强股票期权激励制度建设不仅要建立健全相关法律法规，加强立法，严格执法，还要对交易制度进行持续完善，推出"看跌期权"交易制度。通过该制度，某些投资者或投资分析师可将股价虚高的股票"卖空"，获取相应的投资收益，让股票价格恢复正常，真实反映企业的经营状况，将股票市场在配置资源方面的作用充分发挥出来，让股票期权激励制度得以有效实施。

企业用来推行股票期权激励的股票期权是一种"看涨期权"，股价未来的上涨空间越大，企业所获收益就越大。为了尽可能多地获取个人收益，获得股票期权激励的企业高管人员会想方设法提升股价：有的会采用一些正面方法，比如提升产品质量、增加产品销售额、降低企业的运营成本等；有的会采用一些不良方法，比如财务报告作假、随意操控股价等，让股票价格虚高。

通过前一类方法，公司价值能得以切实提升，股票价格是因企业真实价值的提升而提升，如无意外，股票价格不会下降；通过后一类方法，股票价格虚高，并不能真实反映企业的经营情况，对于这种虚高股价投资者并不看好。通过"卖空"这种股价虚高的股票可以获取更多收益，也可以对股价不正常的上涨势头予以控制，让获得企业股权激励的管理者只能采用正面措施使企业股票期权的价值得以提升。

另外，通过推行"看跌期权"交易制度让股票市场正常运行是利用市场化手段解决经济问题。在此过程中，通过发现、"卖空"价格虚高的股票，投资者可以获取较多收益，从而更加认真、积极地对信息进行收集、分析。所以，相较于法律制裁、行政监督等方法来说，建立一个系统完善的市场交易制度，利用市场自身的调节作用控制股票价格所取得的效果更好。并且相较于监管部门的行政开支来说，这种方式耗费的成本更低。

一个健康、稳定、理性的股票市场的构建不仅需要对交易制度、相关的政策法规进行完善，还需要投资者不断提升个人素质，丰富投资理念，对事物保持清醒、正确的认知，在科学的投资理论的指导下理性投资，摒弃一夜暴富等不合理的投资理念。在市场培育的过程中，制度政策为市场的良性运行提供了有效保障，而投资者的投资行为与决策对市场的健康程度、理性程度起着决定作用。所以要加强对投资者的科普性培训，提升其个人素质，让其形成理性投资意识，只有如此，股票市场才能向健康、良性的方向发展，股票期权的激励作用才能得以有效发挥。

4.3.3　对策 2：改进现行股票期权制度

根据国内外现有的股票期权制度，公司授予员工股票期权当天的股票价格就是股票期权的行权价格，对股票期权收益有着决定性影响。为了获取最大化的个人利益，企业高管人员倾向于压低股票期权授予当天的股票价格。

比如，在股票期权授予之前，通过对可操控性应计项目进行调节、发布公司的负面消息等来压低股票价格，还有一些高管为了压低股票期权的行权价格采用"日期倒填"等非法手段。这些都属于机会主义行为，其目的就是让管理人员获得最大化的个人利益。只要确定一个更长的时间轴，用长远的眼光来衡量股票期权的行权价格，这一问题就能得到有效解决。

股票期权行权时也存在这种机会主义行为，在行权之前，管理人员通过对可操控性应计项目进行调整、发布有利消息、财务报告作假等方式均可能提升股票价格。在这种情况下，公司也可以通过一些制度性的安排来消除机会主义行为带来的不良影响，比如压低每次行权的期权数量的上限以及压低某个时间段内行权的期权总量的上限，以延长行权时间，降低机会主义行为在短期内带来的不良影响。

诸多企业在股权激励实践过程中积累的优秀经验能够为我国企业的股权激励操作提供参考，特别是在授予对象确定方面。企业也可以尝试为所有员工提供股票期权，扩大股权激励实施的范围。至于授予数量，要根据企业的所属领域、实力基础、发展时期等因素来确定，并重点考虑实施对象的工作能力与所属岗位，通过制定合理的股票授予数量，充分发挥股票期权激励制度的作用。

企业通过实施股票期权激励制度，能够实现对原有分配方式的改革与优化，调动企业内部人员的工作积极性，提高他们对公司的忠诚度，帮助企业减轻日常现金支付的负担，避免企业因经济压力陷入困境，减少企业的代理成本，强化企业对员工行为的管控，避免优秀人才的流失给企业发展带来损失，提高企业发展的可持续性。在具体实施过程中，还可以根据企业所处的地域条件加以调整，在这方面，国内已经推出了武汉模式、北京模式等。总而言之，为企业实施股票期权激励制度创造更好的环境条件，有利于这种制度模式在我国得到更加普遍的应用。

此外，证券机构还可以引入经济增加值（Economic Value Added，EVA）指标作为企业业绩评价的基础。经济增加值是指税后净营业利润中扣除股权及债务的全部投入资本成本后剩余的利润。税后净营业利润是指公司去除利息收支后的营业利润减去实付所得税税金后，加上折旧及非现金支出，再减去追加营运成本、物业厂房设备及其他资产投资后所得的值。利用经济增加值指标对企业业绩进行评价，可以有效避免经营者非法刺激股价上涨等短期行为，同时，能够解决财务数据造假问题，确保经营者利益和股东及企业长期利益相统一。

作为一种激励手段，股票期权可使公司所有者和经营者之间的利益达到平衡，但在管理人员行使完所有的股票期权之后，两大主体间的矛盾将再次激化。所以，公司不要一次性将股票期权全部授予管理人员，可以分批次、分期授予，而且要合理规定股票期权的行权期限，让管理人员在职期间一直拥有一定比例的股票期权，从而充分发挥出股票期权的激励作用。相反，如果企业不严格限制股票期权的行权时间与行权数量，管理人员很有可能利用自己的职务之便获取最新的股价信息，从而选择一个最佳的时机行权以获取最大化的利益，然后在危机到来之前率先离开。因此，对于企业所有者来说，必须从制度层面杜绝这种情况的发生。

4.3.4　对策 3：完善企业内部治理结构

尽管股票期权激励具有独特的优势，但并不是所有企业都适合使用股票期权激励，尤其是成熟型企业。处在成长期的企业因为资金紧张，无法通过提供高薪酬来吸引、留住优秀人才，在这种情况下，企业奖励核心员工一部分股票期权作为报酬，一方面可以缓解公司的资金压力，另一方面可以起到有效的激励作用。随着公司快速发展，获得股票期权的员工通过行使股票期权可以获得丰厚的回报。在这个过程中，通过股票期权激励，企业和员工各取所需，共同获利。

但如果是成熟型企业，已进入稳定发展阶段，一般情况下，企业的股票价格不会发生太大变动，在这种情况下，企业奖励核心员工股票期权不仅不能起到激励作用，还有可能刺激管理人员为了获取私利而操控股票价格。如此一来，股票期权不仅无法解决两权分离问题，还会刺激获得股权激励的员工造假、欺诈，损害公司利益。

由此可见，成长型企业相对而言更适合使用股票期权激励模式。2003 年 7 月，微软、花旗均宣布放弃股票期权制度，这也在一定程度上为"并不是所有企业都适合使用股票期权激励，尤其是成熟型企业"这一观点提供了有力的佐证。

成长型企业在推行股票期权激励的同时要对公司的法人治理结构进行优化完善，加强对企业高管的监管，尤其要从制度层面对公司运行体系进行改善，对其中潜藏的内控失效问题提供有效的解决方案。只有让管理人员无法通过操控公司股价谋取私利，他们才会真正地发挥自己的才能为企业发展而奋斗，不断提升企业价值，通过行使股票期权获取正当利益。

如果公司的治理结构存在问题，管理人员就可能利用股权激励制度及自己手中的权力谋取私利。这样一来，经理人就会失去努力工作的积极性，股票期权无法起到有效的激励作用，只是公司为管理人员提供的一项免费福利，随着公司的股票价格不断上升，这项福利可转化为管理者的个人财富。即便公司的股票价格不变，管理人员的个人利益也不会受损，因为管理人员免费获得了这些期权。如果企业将股票期权作为向管理人员发放报酬的主要形式，再加上公司治理结构不完善，无法进行有效监督，利用股票期权，管理人员可采用各种手段提升股票价格，从中获取私利。在这种情况下，股票期权不仅无法发挥激励作用，还有可能为管理人员谋取私利提供一条快捷通道。

完善的职业经理人市场为企业实施股票期权激励机制奠定了坚实基础，但职业经理人市场建设需要政府引导、鼓励及规范，企业也应该积极完善公司内部治理体系，尤其注重企业内部的独立董事制度，完善公司的权力运行体系，依托独立董事会促进公司治理结构的优化完善。此外，要发挥薪酬管理委员会应有的作用，提高独立董事在薪酬管理委员会中的地位，建设独立、公平的薪酬管理委员会。比如，在经理人招聘方面，要向外界公开招聘；组建一个独立于董事会的薪酬管理委员会，从而对激励对象进行客观、公正的考核评价；完善组织机制建设，关键岗位实行定期轮换制度；加强企业内部审计，避免企业话语权过度集中；确保内部审计部门的独立性，使其能够独立于企业管理层，其作用主要是对企业的日常经营活动进行有效引导、监督，确保各部门财务收支数据真实、合法。

需要注意的是，国有控股的上市公司在推行股权激励制度之前必须先明确产权关系，建立一个完善的法人治理结构，加强对高层管理人员的监管，同时，负有股权管理职责的部门和单位要加强对下属企业的了解与管理，履行出资人的责任，然后由董事会制定出切实可行的股权激励方案，交由证监会、股东大会开会讨论通过。如果由管理人员"内部人"自行设计股权激励方案，在监督、约束均失效的情况下，管理人员很有可能在执行股票期权的过程中侵吞国有资产，引发恶果。

第 5 章

员工持股计划
实操指南

5.1 ⊙→ 员工持股计划的操作流程与实践

5.1.1 员工持股计划的概念与发展

员工持股计划（Employee Stock Ownership Plan，ESOP）脱胎于 20 世纪中期美国律师路易斯·凯尔索（Louis Kelso）提出的扩大资本所有权的思想，该思想主张通过赋予员工获得资本收入的机会丰富其在工作中的收入来源，以使劳动者能够享受到自己所创造的剩余价值，缓和劳资矛盾，保障公司内部经营和社会治理的稳定性，并激发公司发展的内在动力，推动公司绩效提升。

（1）员工持股计划的概念

美国员工持股协会（The ESOP Association）给出了员工持股计划的定义，员工持股计划的本质为员工受益计划，它允许员工在雇主企业进行投资，以此取得长远收益，其内涵如图 5-1 所示。通过参与员工持股计划，企业员工得以持有本企业的股票。

图 5-1　员工持股计划的内涵

员工持股计划是一种新型股权形式，也是一种股权激励方式，指的是企业将部分股份交由员工持有，并根据既定规则给予部分员工股份认购权，这部分员工可以将认购的股份交给持股公司统一管理。

具体来说，在员工持股计划中，企业将股份卖给自己的员工，且员工不具备直接持股以及转让、交易和继承股份的权利，当员工退休、辞职、被辞退或死亡时，企业将重新回购并分配其认购的股份。本质上，即公司拿出一定比例的股份分配给员工，从而在员工与公司的雇佣关系之上增加一层所属关系，激发员工的主人翁意识，并让其能够参与公司剩余价值的分配。

在员工持股计划中，企业员工借由贷款、现金支付等多种途径成为本企业股票的持有者，并将股票交给法人机构托管，委托后者进行股票运作。法人机构相当于员工的代表，负责代替员工在董事会中履行股东身份，参与企业决策过程，执行企业监管，并依照所持有的股份获取相应的公司利润。因此，员工持股计划可被视作一种产权制度或激励约束机制，借此，员工在劳动者之外获得了企业所有者的身份。

（2）我国员工持股计划的发展

我国的员工持股计划依附于公司的股份制改造而发展，在演进过程中发展出的形式包括内部员工股、公司职工股等。为了使员工持股计划与我国上市公司具有更好的适配性，政府多次通过政策手段对其发展进行干预。

我国员工持股计划的实施从 1992 年 5 月开始正式走向规范化，《股份制企业试点办法》和《股份有限公司规范意见》为其提供了指导标准。在发展初期，我国员工持股计划在法律法规配套、监督管理方面尚存在诸多不足，导致其在实施过程中并没有从根本上起到长期缓和劳资矛盾、激发企业内部活力的作用，而是逐渐向着一种短期的员工福利计划靠拢。同时员工股在上市过程中还出现了利益输送、短期行为等不良现象，原有的激励性和公平性被掩盖。为了整治这种乱象，保证金融市场的稳定性，1998 年 11 月 25 日，中国证监会发布了《中国证监会关于停止发行公司职工股的通知》，禁止股份有限公司公开发行公司职工股。至 2014 年，《关于上市公司实施员工持股计划试点的指导意见》发布，为员工持股计划的实施提供了参考依据，员工持股计划才再次被启动。

员工持股往往能够激发企业发展的内生动力，尤其对那些已经具有一定规模，或是创新与人才导向型的企业而言，员工持股计划能够极大激发公司的发展潜力。一般而言，该计划往往被一些盈利能力强、股权集中度高的公司所采纳，同时，实施了员工持股计划的企业往往在市值以及负债增速方面也优于其他企业。当前，我国上市公司实施员工持股计划的主要方式包括股东无偿赠与、非公开发行认购、大宗交易受让、二级市场购买等。近年来，随着企业体制改革的推进，员工持股计划越来越受到上市公司的关注。

5.1.2 员工持股计划的特点与类型

（1）员工持股计划的特点

相较于其他模式，员工持股计划模式的独特之处在于从激励对象来看，其具有"普惠性"，即打破了以往企业股权激励聚焦于公司高管、技术骨干的传统，将普通员工也纳入了激励范围，因而能够对公司的长期发展起到积极作用，通过全员持股，员工和公司成为真正的利益共同体，共同为公司发展而奋斗。

在具体实践中，员工持股计划一般是由公司内部员工出资，认购公司用于激励的股权。由于公司员工数量往往较多，若按照一般的规则让持股人自行进行股权运作，容易造成程序冗余、对公司和员工双方造成负担，因此公司内部常成立员工持股会代员工进行股票管理运作、进入公司董事会参与公司事项表决和分红等事项。

通过员工持股计划，员工实现了从纯粹的被雇佣劳动者到公司所有者的跨越，即公司完成了所有权的下移，这同时也赋予了普通员工一定的监督管理权，有利于倒逼公司内部管理决策的优化，既丰富了员工收入方式，提升了员工的幸福感与工作积极性，同时也提升了公司的经营管理效率。但是由于员工往往是通过现金购买（非杠杆型 ESOP）或承担贷款的方式（杠杆型

ESOP）进行公司股份的认购，且用于激励的股份无法像其他股份那样可以进行转让、交易、继承等，因此当公司由于受不可抗力因素（如市场波动）影响出现股价下跌的情况时，员工要相应地承担这部分风险，因而员工持股计划也存在一定的风险，对公司的发展规模、抗风险能力要求较高。

（2）员工持股计划的类型

员工持股计划主要包括以下两种类型，如图 5-2 所示。

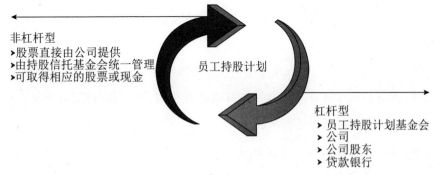

图 5-2　员工持股计划的类型

①非杠杆型。非杠杆型的员工持股计划是指公司每年在预算中划出一定数额的公司股票或等值的现金用于员工股权激励的实施，这个数额一般根据参与者的工资总额确定，往往占参与者工资总额的 25%。此类型计划的要点有以下几个方面：

● 股票直接由公司提供，无须购买，或公司提供购买股票的资金，员工不需要出资。

● 员工的股票由持股信托基金会统一管理，同时持股信托基金会对员工负责，定期向员工通报股票数额及价值。

● 当员工因服务期满或其他原因与公司解除劳动关系时，可以根据持股时间的要求取得相应的股票或现金。

②杠杆型。杠杆型的员工持股计划主要借助信贷杠杆实施，实施过程中涉及员工持股计划基金会、公司、公司股东和贷款银行四个主体：

● 首先应成立一个服务于员工持股计划的信托基金会。

- 随后由公司作为担保人，以信托基金会作为主要行动方，以实行员工持股计划为理由向银行贷款，贷款资金用于购买公司股东手中的部分股票，股票购入后由信托基金会进行管理，股票分红和公司其他福利计划中转来的资金则用于归还银行贷款的利息和本金。
- 随着贷款还款进程的推进，根据员工持股计划所预设的比例将股票逐步转入员工账户，贷款完成清算后，所有股票即归员工所有。

该类型计划的要点主要包括以下几个方面：

- 公司从银行贷款后，再借款给信托基金会；或公司做担保，信托基金会直接从银行贷款。
- 在获得借款后，信托基金会将从公司或现有股票持有者手中购买股票。
- 为更好地保证计划实施，公司通过每年向信托基金会提供免税贡献份额的方式对计划进行扶持。
- 信托基金会利用每年从公司获得的股份分红以及其他资金归还公司或银行的贷款。
- 员工与公司解除劳动关系后，根据持股时限以及其他条件取得股票或现金。

5.1.3 员工持股的三种形式及其优劣

非上市企业的员工持股形式主要包含自然人直接持股、公司形式间接持股和有限合伙企业形式间接持股三种类型，如图 5-3 所示。

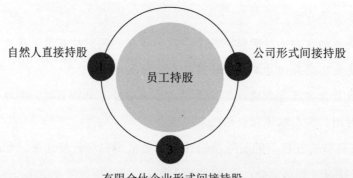

图 5-3 员工持股的三种形式

（1）自然人直接持股

自然人直接持股指的是核心员工为企业出资，并以本人名义借助企业增资扩股或受让原股东股权来获得企业的股份或股权，取得股东权利。

当企业选择采用自然人直接持股时，员工可以直接持有企业股权，并享有与所持股权的比例相对应的股东权利。这种持股形式无须使用持股平台，具有程序复杂度低的特点，若员工通过股权转让的方式获取收益，则需按20% 的税率缴税。

基于《中华人民共和国公司法》《中华人民共和国证券法》的相关条款，对有限责任公司来说，自然人直接持股的持股人数上限为 50 人；对股份有限公司来说，自然人直接持股的持股人数上限为 200 人。若企业的持股人数过多，会出现股权分散问题，导致企业难以集中决策和管理，进而对企业的日常运营造成影响。

（2）公司形式间接持股

公司形式间接持股指的是核心员工为企业出资，建立特殊目的公司，并借助企业增资扩股或受让原股东股权的方式成为企业的股东。

一般来说，选择采用公司形式间接持股的企业为有限责任公司、股份有限公司等特殊目的公司。其中，有限责任公司的持股人数上限为 50 人，可以借助相应条例和规则对员工持股情况进行管理，提高员工股权管理的规范化程度，降低法律风险；股份有限公司的持股人数上限为 200 人。当企业选择采用公司形式间接持股时，既要缴纳公司层面的所得税，也要缴纳个人所得税。除税务方面的支出外，运营管理等方面的支出也会对员工的收益造成影响。

（3）有限合伙企业形式间接持股

有限合伙企业形式间接持股指的是核心员工为企业出资，建立有限合伙企业，并借助企业增资扩股或受让原股东股权的方式成为企业的股东。

当企业选择采用有限合伙企业形式间接持股时，需要与合伙人签订合伙协议，利用该协议对合伙人的行为进行限制，并在协议中标明合伙人的权利和义务，同时也要注意避税，只缴纳员工层面的个人所得税，防止出现企业与合伙人重复缴税的情况。从股东人数来看，采用有限合伙企业形式间接持股的企业的持股人数上限为 50 人。对企业的创始股东来说，可以设立一个有限责任公司，并将其作为普通合伙人，以便在有效控制持股平台表决权的同时规避无限连带责任。

除此之外，企业也可以选择其他的员工持股形式，如内部员工持股、工会代持等，但若非上市公司采用这两种持股形式，且持股人数超出 200 人，其上市难度将进一步增大，因此大多数非上市公司并不会采用这两种员工持股形式。

有限合伙企业形式间接持股具有税负轻、灵活性强、控制权集中等诸多优势，是许多企业在确定员工持股形式时的第一选择。具体来说，三种持股形式的优势和劣势分别如表 5-1 所示。

表 5-1　三种持股形式的优劣势对比

持股形式	优势	劣势
自然人直接持股	程序简单，不需要额外设立持股平台；员工只需承担个人所得税	不利于企业集中决策和管理，长期激励效果不足
公司形式间接持股	相关法律法规更加健全，政策风险小；更有利于进行股份管理	存在双重税负问题；需要设立专门的管理机构，管理成本高；决策机制烦琐
有限合伙企业形式间接持股	能够避免转让或减持时的双重税负；持股平台较为灵活；决策程序少、效率高	有政策规范方面的风险；税负成本较重

5.1.4　员工持股计划的实施流程

上市公司员工持股计划具有较强的激励作用，能够利用公司股份加强员工利益与企业长期发展之间的联系，打造利益共同体，进而提高员工的工作积极性以及企业的凝聚力和市场竞争力。

具体来说，员工持股计划的实施流程主要涉及以下几个步骤，如图 5-4 所示。

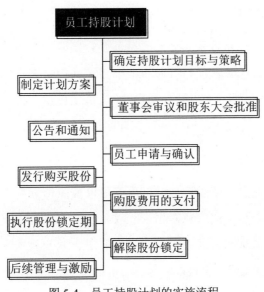

图 5-4 员工持股计划的实施流程

（1）确定持股计划目标与策略

企业需要先确定实施持股计划的目标，如激励员工、吸引人才、留住人才、提高员工利益与企业利益的一致性等。同时，也要制定包含人员范围、购买股份比例、购买价格形式等各项相关内容的策略，并确保持股计划的合法性和可行性，预先分析实施该计划可能对财务状况和股东利益造成的影响。

（2）制定计划方案

企业需要制定包含基本原则、实施方法、购股条件、方案生效期等各项相关信息的员工持股计划方案，并进一步设置明确的购买价格、购买方式、限制条件以及解除限制的条件。

（3）董事会审议和股东大会批准

在完成方案制定工作后，企业需要召开董事会对该方案进行审议，确保方案的合理性，并从自身财务状况出发对方案进行分析，确保该方案符合自身财务状况和整体利益。

（4）公告和通知

方案经过董事会和股东大会批准后，企业需要发布包含计划目的、方案主要内容、购股条件等各项相关内容的公告，并向员工详细说明，为各级员工了解各项相关信息提供方便，同时也要为员工提供相应培训，帮助员工深入了解持股计划的相关规定和自身可享有的权益。

（5）员工申请与确认

企业开始推进员工持股计划后，员工可以按照计划要求向企业提交购股申请，并在申请通过审核后获得相应股权。在这一过程中，企业需要通过审核员工的购股申请来判断其是否符合工龄要求、职位要求，并在此基础上进一步判断该员工有无购买资格。

（6）发行购买股份

在确认员工具备购买资格后，企业需要按照员工申请股数发行股份，并设置股份锁定期等规定，防止员工转让或卖出这部分股份，以便充分发挥股份对员工的限制作用。对员工来说，购买股份时可选择的购买形式十分多样，如现金认购、通过员工持股专项贷款资金贷款认购、将企业的奖励或红利转换成员工持股等。

（7）购股费用的支付

在支付购股费用环节，员工要在规定时间内以方案中要求的方式进行支付，通常可选择自行支付、贷款、分期付款等方式。

（8）执行股份锁定期

员工购入企业发行的股份后，这部分股份会被锁定一段时间，在锁定期内，员工不能将其转让或出售。一般来说，大多数企业设置的股份锁定期为一年。

（9）解除股份锁定

员工可以在股份锁定期满之后按照相关规定向企业提交解除股份锁定的申请，并在申请通过后自由处置自身所持有的这部分股份。

（10）后续管理与激励

随着员工持股计划的不断推进，企业还需加强后续管理工作，落实各项相关激励措施，提高计划的长期性和有效性。除此之外，企业还需定期评估计划实施情况，并根据实际情况灵活调整计划，同时广泛采集员工工作表现等信息，并据此发放奖励，以便进一步提高员工工作的积极性和主动性。

5.1.5 员工持股计划的应用与实践

员工持股计划毕竟生长于异质的经济社会土壤之中，因此贸然引进而不考虑其他条件的话，极易造成"水土不服"，因此在实施时应注意与我国的国情充分结合，在其应用中融入中国特色。

尤其是结合当前的市场形势来看，中小型企业数量不断攀升，创新导向型企业与人才导向型企业之间的竞争日益加剧，如何构建科学高效的人才激励机制成为各个企业需要认真思考的关键问题。若一味奉行"拿来主义"，企业将面临法律、市场等多个方面的挑战，甚至会对公司的经营活动造成冲击。

因此，我们需要结合国情，探索员工持股计划的本土化道路，一些国内的咨询公司和律师事务所已经开始了有关尝试，当前我国中小型民营企业的员工持股计划主要包括以下三种方式。

（1）实股登记激励

对于对公司发展具有较大推动作用的高管及技术核心人员，采取实股激励的方式，即直接将其登记在股东名册上，同时在市场监督管理部门进行信息变更，让激励对象直接成为公司实际股东。这种激励方式能够让激励对象最直观地感受到被激励，在提升员工积极性、激发团队活力等方面效果显著。

当前，该激励模式被一些处于初创期的创新驱动型高新技术类公司普遍采用。但是，此类激励方式也容易造成公司管理权分散、股权纠纷等问题。

（2）期权激励

公司原始股权有限，而随着激励计划的深入实施，激励对象的规模呈现出不断扩大的趋势，长此以往会造成初始股东的股权分散下移。为了解决这一问题，很多公司会通过期权激励的方式对中层管理人员进行奖励。但是随着行权期限结束，创始股东的股份仍然会面临被稀释的问题。

（3）虚拟股票激励

此种激励方式可以实现公司员工的全覆盖，只要员工服务期限与工作贡献达到一定标准，就可以获得虚拟股票激励。此种激励方式本质上是对员工薪酬的延迟支付，不涉及公司的实际股权，因而不会产生创始股东股权稀释以及股权纠纷等问题。但是该方案的操作难度较大，对于规则制度设计的要求较高，往往需要专业的律师顾问，因此并未得到大规模推行。

5.2 上市公司员工持股计划实施要点

5.2.1 上市公司员工持股计划的实施现状

上市公司在运营的过程中可能会面临宏观环境变化等各方面的压力和挑战，虽然实行员工持股计划的目的是激励员工，但激励效果经常不及预期。针对我国上市公司全员激励约束机制开展完善工作，需要分析我国上市公司在执行员工持股计划方面所遇到的问题，制定相应的对策，并认识到信托方式在员工持股计划的推行过程中所起到的作用。

员工持股的运作会受到来自法律等方面的阻碍，而信托制度能够针对此障碍给出有效解决方案，同时还能通过规范员工持股的市场行为使受益人的正当利益得到切实保护。此外，不同企业在性质和规模上各有差异，实施员工持股计划所要达到的目的也不尽相同，而信托制度具备多元化的功能，可根据每家企业的具体情况为其设计合适的信托模式。综上，在推行员工持股的问题上，信托方式是一种较为合理的方案。

现阶段，我国正在推进国有企业的深化改革，股权激励机制的构建具有多方面的意义，它符合市场经济的发展需求，能够推动国有企业股权结构沿着多元化的方向迈进，此外还将为国有资产的安全有序退出提供保障。随着时间的推移，人们逐渐接受了股权激励这一概念，在探索试行工作完成后需要做的是股权激励的深入推广。减少国有股的占比，通过股权激励让经营者和员工持有更多的股份，将对公司业绩产生积极影响。

现阶段，我国正对上市公司实施改革，股权分置改革是改革的一部分。同时，包括《中华人民共和国公司法》在内的相关法律正逐步完善，相关的政策也陆续出台。在以上条件的支持下，我国上市公司可着手实行员工持股计划，通过股权激励员工，提升员工对公司的认同感和归属感，更好地调动员工的工作积极性，增强公司的整体竞争力。在员工持股计划的实行上，我国的起步时间比较晚，有多方面的问题需要解决，包括下文提到的股票来源问题、持股计划资金来源问题以及员工持股计划的管理模式问题。需要注意的是，在解决这三个问题时，要考察我国股市和上市公司的具体情况，对相关的历史和现状有一个全面的了解，从而得出真正符合我国需求的解决方案，而不是照搬国外经验。

5.2.2 员工持股计划的股票来源

实施员工持股计划，首先需要解决股票来源的问题，这是整个计划的前提。按国际惯例，当实施股票期权时，可通过两种途径获得股票，一种途径是由公司在适当的时机发行新股票，另一种途径是使用留存账户进行股票的回购。在我国，公司采用的资本形成制度为实收资本制，公司成立时的实收资本额与其股本总额是一致的，此条件下无"股票蓄水池"和库存股票。当前的商法环境对股权激励形成了一定的限制，没有为后者开辟足够的合法通道，使股票来源成为一个较难解决的问题。

我国上市公司拥有巨大的流通市值，截至 2023 年，A 股市场的总流通市值已超过 80 万亿元人民币。财富创造具备的潜力是巨大的，潜力的兑现取决于何时能够突破制度限制。

我国很多上市公司在未上市之时都发行过内部职工股，但是公司上市后的一些股份转让和交易行为会受到限制，具体的规定和操作细节需要根据相关法规和公司情况确定。在这样的条件下，上市公司实行员工持股计划可能会面临重重阻碍。要想推进股票期权计划的实施，就要针对预留股票来源问题给出有效的解决方案，在不超出法律框架的前提下，可通过以下方式解决股票来源问题，如图 5-5 所示。

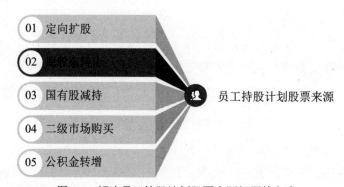

图 5-5　解决员工持股计划股票来源问题的方式

（1）定向扩股

出于实施员工持股计划的需要，上市公司会以员工为对象实行定向增发，发行新股时采用的形式包括首次公开募股（IPO）、配股、增发等。证监会可通过制定相关标准引导企业将新股发行给内部员工。

（2）原股东转让

原股东即非流通股东，大股东会将一部分股份进行转让，以作股份预留之用。当前，我国已从政策层面对原股东向流通股东的股份转让提供了支持，这也是我国上市公司股权分置改革的组成部分。

（3）国有股减持

可同步推进员工持股计划和国有股减持，将流通股转为配送股，降低国有股等非流通股所占的比重，这样实行员工持股计划的上市公司得以获取到其需要的股票。

（4）二级市场购买

在代理机构的协助下，企业在二级市场购买本公司股票，并委托机构持有所购股票。这种做法不违反法律和政策，并且可以任意选择股票的购买数量，不过此做法要用到的资金数额较大，同时会在很大程度上受到市场影响。

（5）公积金转增

上市公司进行资本公积金的转增，使其成为公司股份，这些股份将发挥预留股份的作用，推进员工持股计划。预留股份在各个阶段的所有权人都是明确的，不会与实收资本制相关的工商注册要求相冲突。此外，获取预留股份时不必担心违反《公司法》，因为此过程不会牵涉股份回购问题。除资本公积金外，盈余公积金转增资本也是公积金转增采用的一种形式，就会计法规而言，这是一种可行的方案，盈余公积金将被用于奖励表现出色的员工。

5.2.3　员工持股计划的资金来源

在我国，员工持股通常伴随国有企业改制而进行，公司和员工应分别负担用于实施员工持股计划的资金的一部分，具体的分配比例则需依照公司的实际情况而定。通常情况下，员工可通过以下方式筹措员工持股所需资金。

（1）员工个人资金

员工使用个人资金参与员工持股计划，如此，员工将更加认同自己股东的身份，产生更强的责任感，一定程度上有助于达成计划的预期目标。因此，企业要引导员工更多地使用个人资金参与员工持股，同时为了减轻员工压力，企业可考虑允许员工采用分期付款的方式。

（2）借贷资金

员工通过借贷的方式获得资金，以参与员工持股计划。如果员工选择从银行贷款，就需得到其他企业的担保，另外员工持股会也将自己手中的公司股份用作质押，帮助员工从银行处获得贷款。除银行贷款外，员工也可从企业处获得专项贷款。企业设定借款利率时以银行贷款利率作为参考，员工使用自己每年的分红来偿还企业借款的本金和利息，同时本金的偿还需要在一定的期限内完成。

（3）公益金和奖励基金结余等款项

公益金、奖励基金结余等带有福利性质的资金也可用于员工持股计划，不过这类资金在资金总额中的占比不宜过高，否则员工会将员工持股视作一种福利行为，对自己股东的身份缺乏认同，意识不到自身的现实利益与企业经营状况是息息相关的，这无助于企业凝聚力的提升，无法使企业达到实行员工持股计划的预期效果。

5.2.4 员工持股计划的管理模式

目前，国内的员工持股计划主要采用以下管理模式。

（1）员工持股会模式

持股主体是员工持股的重要问题，员工持股会是主要的持股主体之一，拥有股东身份的员工持股会是企业管理者中的一员，能够在多个方面发挥自身的价值和作用，包括促进国有企业改制，调动企业投资者、生产者、管理者的积极性，提升企业经济效益。

员工持股会是随着经济发展水平不断提高，为了实现员工劳动与资本高效结合而设立的管理模式，其目的在于中和股权激励计划带来的股权分散以及权力行使带来的一系列流程问题，同时将员工对企业的投资集中起来，便于企业发展过程中的使用，并为企业改制提供支撑。按照设立流程，员工持股会一般可分为社团法人形式的员工持股会和公司工会组织设立的员工持股会，以下是两种员工持股会的具体介绍。

①社团法人形式的员工持股会。在员工认购企业股份后，由企业所设立的专门的员工持股与管理组织对员工股票进行记录管理，同时对员工认购股票的资金进行集中核算。随后，在员工持股会相关文件的指导下，员工持股会向政府有关部门提交成为社团法人的申请，获批后正式到民政部门进行登记。随后，员工持股会利用社团法人身份使用员工认购原企业股份的资金对改制后的企业进行投资，与原有企业资产的投资人共同成为企业股东。在后续的发展过程中，企业还可以不断吸纳其他改制的有限责任公司或股份有限公司以更好地经营发展。

②公司工会组织设立的员工持股会。公司工会组织设立员工持股会，即在相关规定的指导下设立公司工会，再由公司工会组织设立员工持股会，受公司管理层管理，仅为本企业服务，专门对内部员工的股票进行管理，同时代行员工权利，保障出资员工的各项权益，同时能够作为本企业工会社团法人承担民事责任。

工会组织作为员工联合组织，代表员工的根本利益，并依法保护员工的合法权益，在企业中发挥着团结员工、激发员工工作积极性、维护企业与员工关系等重要作用。工会组织设立员工持股会的目的主要有三点，如表5-2所示。

表5-2 工会组织设立员工持股会的目的

序号	目的
1	能够保护员工股东的合法权益，通过对员工股权进行集中管理，避免因员工持股比例过低而无法顺利行使股权的情况发生
2	能够对员工股份进行统一管理，避免在员工行使权利的过程中出现重复流程多、程序烦琐、大量占用内部专职管理资源的情况，节省管理成本
3	能够避开外部烦琐的审批程序，节省行权过程中与外部组织对接的时间，提升管理效率

（2）信托方式

当企业内部员工数量较少且注册资本不多时，可以以全员持股代替员工持股会，即持股员工直接作为自然人出资认购企业股票，公司设立或改制为有限责任公司或股份有限公司。采取此种模式时，公司应选取一个部门承担代行管理员工股的职责，如由财务部门负责相关事宜。由于公司不用另设员工持股会，员工股兼由相关部门管理，因此也省略了专门审批等步骤，大大节省了管理人员和费用方面的成本。若公司员工数量较多且注册资本数额较大，又不考虑设立员工持股会时，可以采取信托方式实行员工持股。

以信托方式实行员工持股，即员工作为委托人，在双方彼此互信的基础上，将财产委托给受托人管理，受托人按照委托人意志，以自己的名义，为达成受益人的利益或其他特定目的对员工股进行管理。设立信托应满足"三个必须"，即信托目的必须合法、信托财产必须确定、委托人必须是信托财产的合法所有者。

在实行员工持股计划的过程中，信托方式是一种较为理想的方式，得到了发达国家的认可和广泛应用，同时也符合我国的需求，在我国的发展前景是值得期待的。在员工持股计划中，信托公司能够发挥关键作用，提供多项金融服务，包括财务顾问、持股贷款融资等。

近年来，我国的信托投资公司也在不断进步，有的公司已经积累起了一定的实力，面向员工持股计划，这些公司提供了相应的信托项目，同时在项目的规范性方面达到了较高水平。举例来说，北京国际信托、天津信托、中信信托等都推出了员工持股信托项目。

5.3 ▶ 有限合伙持股平台架构与操作实务

5.3.1 有限合伙持股平台的股权架构

在有限合伙企业中，出资人可分为两种。其中，一部分出资人为普通合

伙人（GP），需要对企业债务承担无限连带责任；另一部分出资人为有限合
伙人（LP），需要对企业债务承担有限责任，且所需承担的这部分责任与其
出资金额相对应。

（1）普通合伙人与有限合伙人的关系

普通合伙人与有限合伙人之间存在许多不同之处。具体来说，普通合伙
人既要承担具体管理工作，也要承担无限连带责任；有限合伙人只需为合伙
企业出资，承担有限责任，无须参与各项事务。

普通合伙人与有限合伙人之间存在商业合作关系。在合伙企业中，普通
合伙人可以为企业的发展提供经验、项目以及专业的技术和商业模式，有限
合伙人可以为企业发展提供资金方面的支持，但由于有限合伙人想要尽可能
规避责任和风险，因此二者可以以有限合伙企业的形式展开合作。就目前来
看，有限合伙企业已经成为风险投资、股权激励中十分常见的一种模式。具
体来说，普通合伙人与有限合伙人之间的关系如图 5-6 所示。

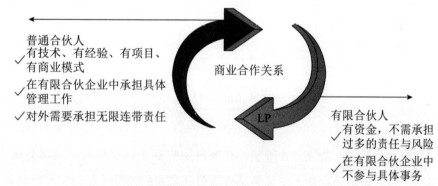

图 5-6　普通合伙人与有限合伙人之间的关系

（2）有限合伙持股平台的架构

从架构上来看，有限合伙企业可以根据相关法律划分为两层。其中，第
一层是有限合伙企业与标的公司之间的关系，标的公司需要将部分股份作为
激励股份，用于调动员工的工作积极性，而有限合伙企业可持有这部分激励
股份；第二层是有限合伙企业层面，在有限合伙企业中，标的公司的创始股

东/控股股东为普通合伙人，享有决策权和控制权，激励对象为有限合伙人。

有限合伙企业是持股平台，也是标的公司与激励对象之间的媒介，能够帮助激励对象以间接持股的方式成为标的公司的股东，进而获得分享标的公司收益的权利。

下面我们对 A、B 股权架构进行简单比较，根据股权架构 A 与股权架构 B 的对比分析，二者分别具有以下特点：

①股权架构 A。如图 5-7 所示，在股权架构 A 中，普通合伙人主要包含控股股东、实际控制人；有限合伙人主要包含各个激励对象；持股平台为有限合伙企业，可以与其他各个股东共同持有公司股份。

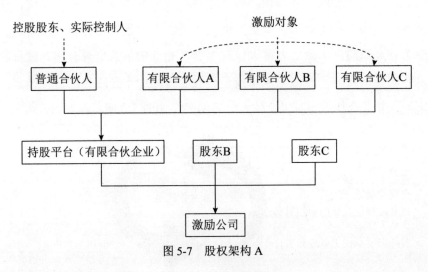

图 5-7　股权架构 A

②股权架构 B。如图 5-8 所示，在股权架构 B 中，控股股东通常会成立有限责任公司。普通合伙人主要包括有限责任公司的控股股东和实际控制人，需要负责委派代表来处理各项合伙事务；有限合伙人主要包括各个激励对象；持股平台为有限合伙企业，主要负责推进各项股权激励相关工作，可以与其他股东共同持有公司股份。

由此可见，股权架构 A 与股权架构 B 之间存在不同之处：在股权架构 A 中，标的公司的创始股东可直接作为有限合伙企业的普通合伙人；在股权架构 B 中，标的公司的创始股东需要借助有限责任公司来与有限合伙企业联系。

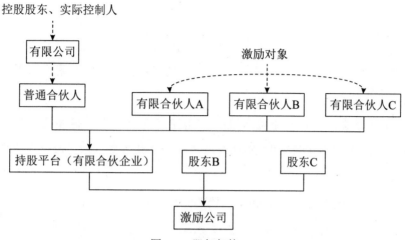

图 5-8　股权架构 B

我国在《合伙企业法》中明确规定："有限合伙企业由普通合伙人和有限合伙人组成，普通合伙人对合伙企业债务承担无限连带责任，有限合伙人以其认缴的出资额为限对合伙企业债务承担责任。"

从实际应用方面来看，股权架构 B 的应用范围较大，许多普通合伙人选择采用股权架构 B，将有限责任公司作为新增的一层平台，进而将所需承担的责任从无限责任转换成有限责任，以达到规避风险的目的。

5.3.2　有限合伙持股平台的主要优势

相较于有限公司持股平台，有限合伙持股平台具有以下三个方面的优势，如图 5-9 所示。

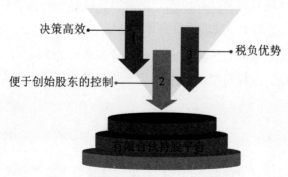

图 5-9　有限合伙持股平台的主要优势

（1）决策高效

在有限合伙企业层面，由创始股东（或其掌握的有限公司）担任的合伙企业普通合伙人在合伙公司事务方面比由激励对象担任的有限合伙人掌握更大的决策管理权。

《合伙企业法》第六十七条规定："有限合伙企业由普通合伙人执行合伙事务。"第六十八条规定："有限合伙人不执行合伙事务，不得对外代表有限合伙企业。"

因此，有限合伙企业能够在创始股东的直接控制下运行，避免了因为企业机构的协调问题、决策问题等造成资源与时间浪费，影响合伙企业的发展。但创始股东在进行合伙企业管理的过程中也应注意尊重激励对象的意见，善于采纳合理建议，避免专断独裁，打击有限合伙人的积极性。

《合伙企业法》规定，有限合伙人有权"对企业的经营管理提出建议""获取经审计的有限合伙企业财务会计报告""对涉及自身利益的情况，查阅有限合伙企业财务会计账簿等财务资料"，并需采取行动对合伙企业的经营进行监督和决策。

（2）便于创始股东的控制

有限合伙企业与有限责任公司的主要差异在于控制权归属的决定条件不同，前者以身份决定控制权归属，后者则需要通过股权比例决定，即在有限合伙企业中，创始股东只需具备普通合伙人的身份，就能够获得公司的经营管理权，不必像在有限责任公司中一样必须在持股数量上具有绝对优势，这就大大扩展了平台用于激励的股份容量。

通常情况下，普通合伙人持有的合伙企业股份不到1%，而其余99%均可用于股权激励，这使得股权激励的效率大大提升，一定程度上节约了资源和时间。

（3）税负优势

与有限公司持股平台形式相比，有限合伙持股平台在税收方面具有优势，需要缴纳的企业所得税远低于有限责任公司。

《财政部、国家税务总局关于合伙企业合伙人所得税问题的通知》（财税〔2008〕159 号）中指出，"合伙企业以每一个合伙人为纳税义务人。合伙企业合伙人是自然人的，缴纳个人所得税；合伙人是法人和其他组织的，缴纳企业所得税"，"合伙企业生产经营所得和其他所得采取'先分后税'的原则"。

有限合伙持股平台需要缴纳的税费是依据创始股东和激励对象的身份分开计算的，此种税收计算方式能够大大降低企业缴纳的税务总额，从而节省资金。

综上所述，相较于有限责任公司，有限合伙企业能够更好地兼顾公司决策、创始股东控股与激励对象的利益，同时能够节省大量的时间和资金，已成为近年来最普遍的股权激励方式。

5.3.3　有限合伙持股平台的激励方案

（1）确定激励对象的范围

股权激励的核心目标是聚焦于对公司价值最大的员工群体，激发他们的主人翁意识和工作积极性，为公司提供更大的发展加速度。因此，在确定股权激励对象的具体范围时，应从身份和职位两个维度进行考虑，如表 5-3 所示。

表 5-3　确定股权激励对象范围的两大维度

维度	要点
身份维度	激励对象必须是公司的正式员工，与公司签署了劳动合同
职位维度	激励对象所在的岗位应能够对公司发展起到重要推动作用，且属于能够发挥较大能动性的高级职位

除了岗位层级外，还应结合员工的绩效表现、发展潜力、文化价值观等因素综合确定。此外，公司应注意在确定激励对象的过程中保证规则及程序的公正化和透明化，要在综合各方面因素的基础上结合公司实际制定专门文件，明确对象选择的标准、候选人应当达到的条件以及具体的选择流程。

人才是公司可持续发展的动力，为了保证优质人才资源的持续输送，股权激励计划的制定应当立足长远，做好全局部署，并设立阶段性目标，保证计划推进的有效性和持续性。

（2）用于激励的股权的来源及比例

用于激励的股权主要包括创始股东持有的公司现有股权和企业向社会募集、资本金增加后的新股权。在实际的激励实践中，以增资扩股的新股权作为股权激励来源的情况较多，用于激励的股权比例一般在 5% 以上、20% 以下。在完成首批股权激励以后，激励股权的剩余部分可以暂由创始股东代为持有，以便在后续的经营活动中按照计划对相关对象进行激励。

（3）股权购买的资金来源及价格

通过有限合伙持股平台进行股权激励时，有限合伙持股平台的股份起到一种媒介作用，激励对象并不直接购买标的公司的股权，而是通过购买有限合伙持股平台的股份实现间接持股。用于购买股权的资金主要来自激励对象本身，包括其合法薪酬收入以及其他合法的自筹资金。合伙企业股份的标价往往对标公司的资产评估价格，大于或等于每股净资产评估值。

5.3.4 有限合伙持股平台的协议要点

合伙协议是激励对象、有限合伙企业和创始股东之间具有法律效力的文件，决定着激励对象的权利能否得到保障、激励机制能否真正发挥作用。

在进行合伙协议的拟定时，主要围绕两点展开：一是确保创始股东能够正常对持股平台进行管理控制；二是确保激励机制最终能够实现对人才的有效激励，切切实实地让人才受益。因此，合伙协议中应对以下几方面的事项予以重视。

（1）明确执行事务合伙人的特别权利

《合伙企业法》第二十六条规定："合伙人对执行合伙事务享有同等的权利。按照合伙协议的约定或者经全体合伙人决定，可以委托一个或者数个合伙人对外代表合伙企业，执行合伙事务。作为合伙人的法人、其他组织执行合伙事务的，由其委派的代表执行。"

从根本上来说，为保证对标的公司的控制权，应明确执行事务合伙人的权利，指出其具有代表合伙企业参加标的公司股东会的权利，并在会上行使股东表决权；同时为保证后续股权激励机制的正常实施，应赋予执行事务合伙人一定的管理与决策权，明确其具有单独批准新合伙人进入合伙企业、向第三方转让普通合伙人份额的权利。

（2）明确有限合伙人应有的权利

为确保激励效果的实现，必须对有限合伙人的权利加以保障。有限合伙人的权利具体包括：对标的公司经营状况（业务、业绩）的知情权、对标的公司的分红权（按持股比例获得标的公司的利润，在这个过程中，应通过标的公司的章程对分红条件进行明确，不得出现控股股东无故不分红的情况，但若有限合伙人未实际出资，则可以约定其不享有分红权）、对自身股权份额进行转让并退出合伙企业的权利，以及参与合伙企业重大事项决议的权利。

（3）明确合伙人之间的利益分配顺序

股权激励中，财富激励的最终来源是标的公司的分红，即有限合伙企业所持有的 5% ~ 20% 的股份按照相应的分红规则从标的公司获得资金，然后根据有限合伙企业内各个合伙人所持有的份额按比例进行利益分配。一般合伙人之间的利益分配顺序往往在其内部达成共识后通过合伙协议来约定，为了更好地达到激励目标，可以将有限合伙人的分红优先级置于普通合伙人之前。

（4）限定有限合伙人份额转让的条件

有限合伙企业设立的目的是更好地对员工进行激励，企业的有限合伙人只能是公司的在职员工，员工与合伙企业之间的关系并非一般出资人或投资人与企业的关系，因而原则上有限合伙人的份额转让对象也必须是公司确定的激励对象，同时为保证创始股东对合伙企业的控制权，普通合伙人享有股份的优先购买权。

另外，为了确保股权激励发挥出应有作用，更好地让公司发展后的份额溢价能够为激励对象带来实实在在的福利，应在员工满足激励条件、表现优异且公司经营业绩达到一定水平的条件下，允许其对外转让合伙企业股权份额、获得收益，这个过程中仍应保证普通合伙人对股票份额的购买权优先于被转让对象。

5.3.5　有限合伙持股平台的退出机制

由于被激励的对象是公司员工，与公司的关系并不像创始股东或投资人那样稳定，因此必须考虑当员工与公司的关系出现变动（比如发生劳动纠纷或员工离职）时对于股权激励的影响。

由于持股平台本身就是为了激励工作表现突出的员工而设立，因此当员工与公司的雇佣关系解除时，平台与员工之间的激励关系自然也要相应解除，即员工不再作为有限合伙人参与合伙企业的各项事务。针对这一情形，合伙协议中应通过相应的条款对有限合伙人退出机制作出规定。

（1）服务期内退出

在设定股权激励条件时，应从时间和业务能力两方面考虑，既需要对激励对象设立业务目标要求，同时也要设立一定的服务期限。若员工因个人问题在未达到服务时长的情况下与公司解除劳动关系，则判定员工违约，此时用于对其进行激励的股权也应被收回。具体收回方式为普通合伙人以一定的价格（股权购买的对价 +1 倍贷款市场报价利率（LPR）标准的利息）对员工的份额进行强制回购。

（2）服务期满后的退出

激励对象达到规定的服务时长后，作为为企业作出较大贡献且忠诚度较高的员工，其有权通过股权激励获取更高额的回报，即要求创始股东以较高的价格回购其持有的企业的财产份额，按照正常程序退出激励。具体的价格应不低于当初支付份额对价的本金 +2~4 倍 LPR 标准的利息，一般按标的公司最近一期经审计的每股净资产额确定，当其低于价格最低数值时则按照价格最低数值进行收购。

（3）非正常退出

若激励对象在服务期内不幸丧失劳动能力或意外身故，其所拥有的合伙企业股权份额不能像一般财产一样被亲属继承，而应由普通合伙人回购。在回购价格方面，应结合现实情况酌情考虑，保持公允，比如按照激励对象原购买价格 +2 倍 LPR 标准的利息，或按照标的公司每股净资产对应的激励对象的财产份额的价值进行定价。

总而言之，在设置退出条款时，既要考虑能够让激励对象获得福利，有效调动其工作积极性，同时也要考虑退出条款的约束性作用，维护公司利益。同时，应对退出应满足的条件、具体退出方式、退出的流程以及退出的价格等进行规定，确保退出的平稳高效。

第 6 章

合伙人制度
操作实务

6.1 合伙人制度设计的关键点与案例分析

6.1.1 合伙人制度的基本概念

合伙人制度坚持共创、共享、共担的理念，从组织层面出发贯彻了平台化的战略。依托合伙人制度，合伙人与公司进行深度合作，共同开展事业，共同享有所创造的收益，组成了事业和利益层面上的共同体。许多大企业层级臃肿，且部门之间存在森严的壁垒，合伙人制度可以有效地消除这方面的弊病。

（1）合伙人制度的模式

常见的合伙人制度包括法律意义上的合伙制与管理意义上的合伙制，结合实际工作来看，通常所说的合伙制更多地指向管理意义上的合伙制，法律意义上的合伙制则是管理意义上的合伙制在创建合伙治理机制时所选择的一种实现方式。

①法律层面。合伙企业是指自然人、法人和其他组织在《合伙企业法》相关条款的指导下，于境内设立的普通合伙企业和有限合伙企业。这是相对于公司制而言的一种企业组织形式。根据承担责任不同可将合伙人进一步划分为普通合伙人和有限合伙人，其中普通合伙人对企业具有控制管理权，同时对企业债务承担无限连带责任，而有限合伙人则根据其出资数额对企业债务承担相应的有限责任。在日常经营中，主要由普通合伙人负责企业的管理，进行各项决策，有限合伙人不参与企业的日常经营。

②管理层面。合伙制的本质是聚集一批能够在经营理念、理想信念和价值观念上实现统一的个体，凝聚起他们的力量，通过事业共创、利益共享、风险共担的机制实现利益绑定，保障他们的权益，更好地通过彼此之间的协

同合作实现有限资源的优化配置，为共同企业愿景的实现提供便利条件。合伙制的最大特点就是带来一种获得感，这种获得感并未班班可考地被写在法律条文之中，而是作为一种推动力作用在每一位共同合伙人的行动上。这本质上是一种身份的转换，让经营者从纯粹的"为老板打工的打工人"转变为"为自己打工的老板"，让其付出的每一分努力，最终都能切切实实地通过收益获得相应的回报。

在组织形式上，法律意义上的合伙企业形式并非管理意义上的合伙制的唯一选择，公司制框架以及其他新型模式也可以被采用。后文提到的合伙制均指管理意义上的合伙制。

（2）职业经理人制度与合伙人制度的区别

在不同的商业场景中，职业经理人有不同的定义。根据《职业经理人相关术语》（GB/T 26999—2021），可以对其作如下定义：被企业所雇佣，在企业内担任各个层级的领导和管理职务，并承担所担任职务的义务和责任，即以经营管理为职业的人才。通过该定义可以看出，职业经理人的本质是"能力职业化"。

合伙人制度是新时代下为顺应经济发展趋势而诞生的一种事业发展机制和分布式组织管理机制，"共创、共享、共担"是其显著特征，具体表现为聚集经营理念相同的人员进行事业联合，形成利益共同体，通过人才要素与资本要素的合理配置实现企业的创业、创新及可持续发展。这些组成利益共同体的人员即合伙人，其根本特征在于"共同创业"。具体来说，职业经理人制度与合伙人制度的主要区别如表 6-1 所示。

表 6-1　职业经理人制度与合伙人制度的主要区别

区别点	职业经理人制度	合伙人制度
本质区别	职业化精神	企业家精神
关于做人	专业	敬业
关于做事	遵守规则	打破规则

续表

区别点	职业经理人制度	合伙人制度
风格状态	标准一致	个性互补
工作强调	执行与过程	创新与结果
关于原则	等价交换	不断成长
关于重点	制度、流程	使命、愿景
工作方式	高效执行	共同创造
决策方式	服从命令	共担风险
回报方式	薪酬可预期	共享成长价值

在谈及阿里巴巴采取合伙人制度的原因时，某知名企业创始人曾作如下分享：可以将职业经理人与企业家分别比作打猎爱好者和以打猎谋生的猎户，二者一起上山打狼时，若职业经理人开枪后狼没有被打死，而是向开枪者冲过来，此时打猎爱好者会丢下枪立马逃跑，猎户则会拿起柴刀与之拼死一搏。

从某种角度看，合伙人制度是升级后的职业经理人制。从企业资产经营的演进历程来看，经营者的角色经历了从创始投资人自身，到被委托的职业经理人，再到合伙人组成的利益共同体的转变，展现出随着知识经济的到来，社会分工协同机制在不断发展和变化。

6.1.2　合伙人机制的设计要点

（1）明确公司实施合伙人机制的目的

京瓷创始人稻盛和夫采用"阿米巴经营"的管理模式，这是京瓷成功的重要根基。"阿米巴"（Amoeba）在拉丁语中意为单个原生体，即"变形虫"，它能够通过自我调整适应外部环境的变化。阿米巴经营意味着部门精细化管理，将企业分为多个小集体，每个小集体相当于一个阿米巴，根据自身情况制定计划，选择自己的成长道路，部门的核算是独立的。部门的每一名员工都可以在经营过程中扮演主角，这将最大程度地激发部门成员的活力和积极性，凭借全体员工的共同努力向着企业经营目标迈进，提升企业的整体竞争力。

阿米巴经营着眼于公司内部，合伙人机制则从创业者的视角出发，更多地关注企业。合伙人机制将为公司吸纳人才，汇聚产业发展所需的资源，推动公司沿着横向和纵向扩张，在运营过程中分享利益，并借此在战略层面上获取更大的利益，提升公司业务量，扩大公司规模。

（2）合伙人选择的关键点

合伙人既是在一起开创事业的伙伴，同时也是彼此支撑向前、共迎挑战、共担风险的战友，这就要求彼此之间能够相互理解、相互认同，即做到志同道合。所谓"志同"，即合伙人具有共同的事业理想，拥有一致的使命追求，愿意共同为了某一愿景的实现而努力奋斗，持续奉献；"道合"指拥有共同认同的价值观念、经营理念和道德底线。

志同道合是合伙人共事的必要条件，但若合伙人之间仅仅满足志同道合的条件是无法取得成功的。从根本上看，志同道合是一种认识上的"合"、观念上的"合"，只提供了合伙人聚在一起的主观条件，但若真的想要实现共同的愿景，还需要有能力上的"合"、资源上的"合"，合伙人需要具备一定能够达成合伙人共同目标的某种特别能力，这是客观条件。

这种能力在实际合伙过程中的具象表现就是生产要素，即合伙人在资本、土地、人才、管理、数据、知识等某一或某些方面具有优势，能够通过生产要素对推进合伙经营的项目提供助力。按照所提供的要素不同，合伙人又可分为创业合伙人和聘任合伙人。一般情况下，当聘任合伙人不再继续在其岗位任职或不再为公司服务时，其与公司的合伙关系会自动解除。会计师事务所、律师事务所、咨询公司等往往采用聘任合伙人管理模式。

（3）明确合伙人与公司的权责边界

阿米巴经营使用管理会计工具，以进行公司内部的模拟结算，这个过程中员工和公司之间的关系未发生本质变化。而在合伙人机制下，公司与合伙人之间为合作关系，双方共同承担经营过程中存在的风险，也共同分享经营中获得的利益。设计机制时要考虑合伙人单位各方面的情况，包括能力、经营权限、标准分级等。通常情况下，合伙人将会独立负责特定的业务模块，完成相应的业绩指标，平台则发挥辅助作用，为合伙人提供其需要的支持。

（4）设计与权责相匹配的分利机制

基于权责对等的原则，构建合伙人分利机制，实现责任与利益的匹配。合理的分利机制有利于提高合伙人的积极性和主动性，扩大公司的业务规模，提升公司竞争力。建立分利机制的关键点如表 6-2 所示。

表 6-2　建立分利机制的关键点

关键点	基本内容
梳理业务链	以业务链作为脉络，对公司的业务流程进行细致的梳理，收集和整理与业务相关的信息，业务流程由市场信息引入、市场开拓等多个环节组成
分析公司财务状况	通过分析财务报表，得出各项业务付出的成本和获得的收入，以及其他的费用项。对于分利测算而言，业务的回款周期、利润率等信息是必要的

合伙人拥有独立业务单元的地位，其核算可以独立进行。合伙人可以从总部平台处获得多方面的支持，包括管理、财务、人力等，为此需向平台支付管理费用。合伙人依据其贡献和职责获取市场开发过程中产生的收益，通常情况下，结合公司的盈利水平，公司会对合伙人实施一定的让利，通过利润分配达到激励合伙人的效果。另外还可通过其他方式激励合伙人，加深合伙人与公司之间的利益联系，如跟投制度、股权激励制度等。

6.1.3　合伙人的治理机制设计

合伙人治理机制由两部分组成：合伙人的持股形式以及持股平台参与公司治理的方式。

（1）合伙人的持股形式

合伙人的持股形式主要包括合伙人直接持股、合伙企业平台、公司制企业平台，具体如表 6-3 所示。

表 6-3　合伙人的持股形式

持股形式	主要内容
合伙人直接持股	合伙人本人直接持有经营主体公司的股权，股权的来源包括原股东转让及增资扩股。在改制后企业中，员工可直接持股，其拥有的股东权利与所持股权比例相对应。在有限责任公司阶段，合伙人直接持股存在人数上的限制，上限为 50 人；如果在股份有限公司阶段，则为 200 人。从企业的角度出发，如果持有股权的自然人数量过多，就会出现股权分散的情况，对企业集中决策与管理产生消极影响
合伙企业平台	合伙人出资创立公司，使其持有经营主体公司的股权，此公司通常情况为有限责任公司，股权来源为原股东转让或增资扩股。采用合伙企业平台的方式，有限责任公司和股份有限公司的持股人数上限分别为 50 人和 200 人。有限责任公司中，可借由公司章程对股权对应的权利实施管理，股东可直接行使权利，也可借助协议实现让渡，由此促进股权及股东表决权的统一。这种做法是基于《公司法》第六十五条的规定：股东会会议由股东按照出资比例行使表决权；但是，公司章程另有规定的除外
公司制企业平台	合伙人出资创办有限合伙企业，使其持有经营主体公司的股权，股权来源为原股东转让或增资扩股。采用公司制企业平台的方式，合伙人将在合伙协议中对普通合伙人和有限合伙人的行为进行规范，同时合伙人的权利及义务也将在协议中得到明确。不过，对于有限合伙企业而言，50 人的持股人数上限仍然存在

（2）持股平台参与公司治理的方式

合伙人通过持股平台参与公司治理，需要解决两个问题：第一，持股平台中有多个合伙人，他们将采用何种方式参与到持股平台法人治理中来；第二，作为股东，持股平台将采用何种方式参与公司治理。

针对第一个问题，阿里巴巴采用了合伙人制度，与双重股权结构存在区别，后者会设置一种股份类别，持有这类股份者将拥有更高的表决权，由此公司的控制权将被少数人掌握，采用双重股权的实例如京东。

阿里巴巴的合伙人制度意在构建由合伙人组成的管理层。采用一人一票的方式，从合伙人中选出 5 至 7 人作为代表，由他们组成合伙委员会，每隔 5 年进行委员会成员的重新选举，由现任委员会成员提名候选人，同时候选人的确定还要经过合伙人选举，另外合伙委员会中有 2 人为长期成员。合伙委员会负责合伙人选举的相关事宜，并面向管理层合伙人进行年度现金奖金池的分配。

针对第二个问题，即持股平台作为股东参与公司治理时所采用的方式问题，阿里巴巴的创始人、管理层和大股东之间签订了协议，由此产生多个一致行动人，而后在公司章程中，阿里巴巴对占总数超过一半的董事的提名权和任命权进行了锁定，由此阿里合伙人得以参与到公司治理中来，并取得了公司的控制权。具体而言，合伙人拥有以下权利：

- 合伙人可提名董事，可提名数量占总数的一半以上，如果提名遭到否决，则可提名己方董事，由此得以保证合伙人对大部分新任董事候选人拥有控制权。

- 如果遇到特殊情况，合伙人可任命临时董事，其任命的临时董事可进入董事会而不必得到股东的同意，这将确保合伙人拥有对半数以上董事的控制权。

- 根据协议，若要修改提名权，或对公司章程进行修订，需获得多数董事的批准，同时在股东大会上由超过95%的股东投票通过，据此规定，阿里合伙人的占股比例只需超过5%就可保留合伙人权利。

- 软银集团与Altaba公司、马云、蔡崇信达成协议，阿里合伙人提名的董事将得到软银持有股份对应的表决权。

6.1.4　合伙人的管理机制设计

合伙人管理机制旨在促进合伙人的自我管理、自我激励、自我约束，特别是要实现对合伙人的激励和约束，在设计合伙人管理机制时，要坚持"共担共创、独立核算、增量分享、动态进退"的原则。

在合伙制价值主张中，共担风险处于核心地位，这是合伙人关系形成的前提。从合伙制的角度看，共担风险需要实际付出资金，具体方式可以是购买股票、投资或抵押，与赠与不同，这样做需要承担风险，而合伙制正是为具备创新创业精神的人准备的。除了付出资金外，合伙人也可以通过投入其他生产要素实现共担风险，不过这并不被视为共担风险的典型形式，与通过付出资金实现共担风险相比，其拥有不同的风险属性。

合伙人必须创造价值，并且要在价值创造中发挥主导作用。运用合伙人管理机制，需要对每个合伙人所能创造的价值进行准确核算。只有创造出价值，才能产生可供分享的增量，同时合伙人也将通过价值创造赢得尊严和话语权。这里所说的价值是经济价值，对于非经济价值的评估与核算，需要建立专门的价值评价体系。

合伙制将使组织发生改变，推动新业务增长点的产生。合伙制追求创造增量价值，相比于存量，增量更适合作为分享的对象。针对存量价值需要采用精细化管理的方式，基于出色的管理效能推动内涵增长，实现质的提升；增量价值则是利益分享的前提和基础，如果没有利益分享，合伙制的价值和意义也便无从谈起。

此外，合伙人的组成并不是固定的，随时可能有新合伙人的加入，而在价值创造方面已力不从心的老合伙人也要及时退出，这样合伙人机制才得以保持活力。需要指出的是，退出并不意味着离开企业，而是企业与合伙人达成一致，将合伙人调往与其现有能力相适应的岗位，这种做法将提升合伙人的安全感，赢得当前合伙人的信任。

6.1.5　合伙人的动态考核机制

合伙人机制确立后，还需构建合伙人动态考核机制，以更好地激发合伙人团队的活力。作为全体员工的典范，合伙人的状态将关系到整个公司的状态。另外，借助动态考核机制可以及时察觉用人方面存在的风险，并采取有效的应对措施。

动态考核机制与企业绩效管理之间有着密切的联系，考核内容包括能力、绩效、价值观等多个方面。

（1）能力考核

在选定合伙人时，能力是最直接的参考指标之一。合伙人一般处于企业的管理层，因此对于合伙人而言，除了专业能力之外，管理能力也非常关键。能力考核要注意以下两个方面。

①建立能力考核标准。建立能力考核标准时应参考企业的总体需求和岗位的具体需求，能力考核标准因组织而异，具体维度和要点如表 6-4 所示。

表 6-4　建立能力考核标准的维度和要点

维度	要点
根据合伙人层级的不同使用不同的能力考核标准	中层合伙人的能力考核标准包括目标分解能力、人才培养能力、预算控制能力等指标，高层合伙人的能力考核标准包含的指标有领导能力、战略规划能力等
根据岗位类型的不同使用不同的能力考核标准	营销类合伙人的能力考核标准包含的指标有营销策略和客户分析等，市场类合伙人的能力考核标准包含的指标有市场分析和经营策略等，研发类合伙人的能力考核标准包含的指标有前瞻性、创新能力等

②选择能力考核模式。结合企业任职资格体系和合伙人能力考核，参考任职资格认证、任职资格标准建设等开展合伙人能力考核，在这个过程中可使用的方式有 360 度调查、专项问卷调研等。

（2）绩效考核

绩效考核需参考过程和结果，并结合企业的战略和目标。绩效考核要注意以下两个方面。

①绩效考核工具的选择。绩效考核需要分解战略目标，而后经历过程管控、结果考核、反馈应用等多个环节，构成一个循环过程。常用的考核方式有 KPI（关键绩效指标）、PBC（个人业绩承诺）、OKR（目标与关键成果法）等，在实际的考核中会将多种方式进行组合，实现绩效循环的有效应用。

②绩效结果的呈现。除了绩效外，潜力也是一项重要的考核指标。将绩效的高、中、低三个层次与潜力的初、中、高三个层次一一配对，形成一个九宫格，按照能力进行合伙人的划分，并选择相应的培训方式，用简单的方法收获显著的效果。

（3）价值观考核

在选择合伙人时，价值观是重要的考核指标，此外在企业的发展过程中也需定期开展价值观考核。在价值观考核前，首先需要明确价值观。

①明确价值观。价值观体现为企业核心理念、经营理念、核心价值观等。举例来说，阿里巴巴的价值观经历了从"独孤九剑"到"六脉神剑"再到"新六脉神剑"的转变，文化和价值观是企业发展的重要支撑。在进行文化建设时，企业要明确自身的愿景和使命，提炼出属于自己的核心价值观，并采取有效的手段使其得到贯彻落实。

②确定价值观评价标准。价值观明确后，需要考虑价值观评价考核的问题。围绕公司核心价值观确定评价标准，对不同的行为进行评分。

举例来说，如果公司的核心价值观为"客户导向"，那么在此标准下，"尊重客户，维护公司利益"可得到 1 分，"克服负面情绪，为客户考虑"可得到 2 分，"未雨绸缪，服务意识超前"可得到 5 分。

在价值观考核中为不同的行为评分，可以实现对行为明确的定性，从而在价值观的考核中确立清晰的标准。

6.2 【案例】合伙人制度设计与实践

6.2.1 高盛合伙人制度设计与实践

高盛公司曾长期实行合伙制，直到 1998 年 8 月改组为股份有限公司。在华尔街的投资银行中，高盛结束合伙制的时间最晚，并且合伙制在高盛的发展历程中发挥的作用非常关键。对于西方的投资银行来说，合伙人制度有着非同寻常的意义，借助这项制度，它们得以汇聚业内精英，建立起稳定而高效的管理架构。摩根大通、高盛、美林等知名投资银行的成功都与合伙人制度密切相关。

针对合伙人，高盛确立了明确的激励和惩罚机制，这有助于培养高管的责任感，增强其风险意识，借此高盛也建立起属于自身的独特文化，即追求长期价值，怀有雄心和抱负。这样的文化吸引了许多有志向的银行家加入高盛。

（1）薪酬体系

按照常规，员工薪酬包括三部分：基本工资、年终红利和长期福利。在高盛，员工薪酬还包括股东回报，用总效益除以总股本可得到股东回报率的具体数值。

基本工资的确定需参考多项指标，包括市场供需量、岗位重要性，以及员工本人的学历、经验、技能水平。部门经理负责确定普通员工工资，通常情况下有一个既定的范围可供参考。高盛等公司提出自己员工的薪酬水平应至少处于行业的前25%，这样做可以吸引更多人才，提高公司竞争力。

（2）激励措施

高盛公司采用多种激励措施以达到激励员工的效果，包括股票激励计划、特定捐献计划、合伙人薪酬计划。其中：

- 股票激励计划面向合伙人以外的内部员工，高盛内部员工持有较多的公司股份，持股比例最高时达到80%。
- 特定捐献计划面向公司董事会以及部分雇员，参与计划的雇员由特定捐献计划委员会选定，该委员会由董事会任命。
- 合伙人薪酬计划面向合伙人，即使在高盛完成上市、结束合伙人制度之后，依然能在其身上找到合伙人制度的部分特质。

（3）约束机制

高盛的约束机制主要由聘用协议和非竞争协议组成，以起到对有限合伙人的约束作用，这些有限合伙人为执行董事的一员，可分享公司的利润。下面是对协议的详细描述。

①聘用协议。聘用协议会约定一个服务期限，在此期限内，执行董事中的有限合伙人应将其工作时间全部投入公司事务中。有限合伙人和公司都有

终止聘用协议的权利，须提前 90 天采用书面形式发出通知。除了有限合伙人之外，高盛与其他执行董事之间也有类似协议，只是协议中不包含服务期限。

②非竞争协议。非竞争协议的主要内容如表 6-5 所示。

表 6-5　非竞争协议的主要内容

类目	主要内容
保守秘密	公司要求有限合伙人保护内部信息，信息的使用应符合高盛公司的相关规定，不得擅自披露信息，造成信息泄露
非竞争	如果有限合伙人终止了与高盛公司的聘用关系，那么在此后的 12 个月内，其在竞争性企业中拥有的所有权、投票权、利润分享权等各项权利将受到严格限制，每项权利的份额应低于 5%。结束聘用关系后，有限合伙人也将不被允许加入竞争性企业 竞争性企业的定义如下：具有营利性质，与高盛公司存在业务上的竞争关系，或是在竞争性企业实体中保有利益。此外，如果某协会从事的活动与有限合伙人在公司的活动存在一定关联，则有限合伙人不得与该协会产生任何形式的联系
不得带走现有客户	如果公司停止聘用有限合伙人，那么在此后的 18 个月内，有限合伙人不得有以下行为： • 联系和动员在高盛公司任职期间结识的客户，推动客户与竞争性企业开展业务层面上的合作，或是限制这些客户与高盛公司进行业务合作 • 做出会对高盛公司与客户（包括现有客户和潜在客户）关系产生消极影响的行为，比如对公司与客户的关系进行干扰、妨碍和破坏 • 推动高盛公司雇员转而与竞争性企业合作
客户关系的移交	如果有限合伙人终止了与高盛公司之间的聘用关系，那么此后的 90 天将作为合作期限，在此期间有限合伙人需采用适当的方式维持公司业务，包括与客户之间的业务关系，同时还要积极维护公司声誉
损害赔偿	从公司上市的日期算起，如果在 5 年内有执行董事违反了以上条款，就必须赔偿公司因此受到的损害。针对不同的执行董事设置的损害赔偿金额存在差别，如果执行董事从一开始就是公司董事会、管理委员会或者合伙人委员会的一员，其需支付的赔偿金额为 1500 万美元，而其他具备有限合伙人身份的执行董事的赔偿金额则为 1000 万美元。另外，当执行董事违反以上条款时，与条款对应的股权奖励也将取消，被取消的奖励并不会被计入损害赔偿金额

6.2.2 万科合伙人制度设计与实践

万科的事业合伙人制度改革主要面向经营管理团队，实施背景是公司在所有权与经营权分离的情况下，经营层持股比例过低，导致企业缺乏真正的控制人，同时职业经理人能够参与到公司的价值创造与利润共享中来，却无法与公司共担风险，公司面临一系列经营管理问题。

通过合伙人制度改革，能够进一步加强经营层对公司的控制，让经营层补位公司的控制人，同时规避股权过于分散时可能出现的"野蛮人入侵"、恶意收购等危机，进一步激发经营管理团队的主人翁意识，释放团队内部的工作活力，加强经营管理团队与股东之间的利益链接，为股东创造更大的价值。

（1）万科事业合伙人制度的实施

万科的合伙人制度沿袭了经典的股东治理路线，即通过增加经营层的持股数量提升其控制力，具体表现在以下三个方面。

①跟投制度。跟投制度最早在 2014 年由万科提出。在后续的实施过程中，跟投制度的内容随着企业的发展和市场环境的变化而更新和完善。跟投制度本质上是一种激励机制，通过将员工绩效与整体业绩紧密绑定来推动企业的长远发展。跟投制度的主要内容如表 6-6 所示。

表 6-6 跟投制度的主要内容

类目	主要内容
共同出资	企业员工可以于项目启动阶段按照一定的比例出资，从而成为该项目的跟投人。为了保障资金结构的稳定，并进行风险控制，员工跟投的总比例会有一定的限制
收益分配	基于项目出资的比例，跟投人享有收益分配权。收益分配整体遵循"先回本后分红"的原则，即在保障跟投人本金安全的基础上再进行剩余利润的分配
风险共担	跟投人不仅享有收益分配的权利，同时在某些情况下可能需要承担"劣后责任"，即当跟投的项目出现亏损时，跟投人需要优先承担损失，以强化风险共担原则，加强跟投人与企业的利益联结
退出机制	为了加强跟投人与企业的利益联结，跟投人可能需要在项目最终结束后才可退出，以避免跟投人因短期的逐利行为损害项目的整体收益

续表

类目	主要内容
项目范围	万科最初的跟投制度仅适用于部分项目，而更新和完善后的跟投制度几乎可以覆盖所有新获取的住宅开发销售类项目
监管与合规	为了真正推动企业的长远发展，跟投制度的实施需要依据既定程序，并进行严格管理。在跟投制度的实施过程中，所有参与者都应了解相关的操作流程和制度细节
持续优化	通过增加跟投条件、更新相关制度等，万科不断进行跟投制度的完善，以保证其适应企业的发展需求和市场环境的变化趋势

②股票机制。万科制定了合伙人持股计划，获得 EP（经济利润）奖金的员工都将具有万科集团的合伙人身份，共同持有万科股票，未来的 EP 奖金也将以股票的形式为获得者带来更大收益。

③事件合伙。根据业务事件需要，重新组建临时业务团队，在工作过程中对整个团队内部的职务划分进行重组，推动事件合伙人团队组织的扁平化，避免权责过度划分导致体制僵化从而限制企业的长期发展，提升对现有资源的利用效率，寻找最优方案。

（2）万科事业合伙人制度的特征

万科事业合伙人制度的特征主要体现在以下三个方面，如图 6-1 所示。

图 6-1　万科事业合伙人制度的主要特征

①掌握自己的命运。结合实际设计多层级的合伙人制度，实现对公司发展的全方位掌握。自2013年起，万科开始实施差异化的奖金扣除留存制度，具体体现为对各个级别的员工（包括高管）的年终奖金按照其所属级别对应的扣除比例进行扣除留存，被扣除的奖金将在半年后用于盈安合伙对万科A股股权的收购，这些员工（包括公司的中高层管理人员、总裁提名的业务骨干和突出贡献人员）共计1320人，也随之成为万科集团的首批事业合伙人。相关人员若出于自愿，也可以选择参与公司的事业合伙人持股计划，且未来公司将进一步扩大合伙人持股计划的人员容量，鼓励更多员工参与。

②形成背靠背的信任。首先是使用扁平化架构代替金字塔形架构，通过这一改动，能够让基层员工的诉求与建议直达高层管理者；其次是团队整体建设，加强团队内部的凝聚力，通过利益绑定将团队成员的注意力从部门、个人项目竞争转移到整体效益提升上来。

③做大我们的事业，分享我们的成就。通过事业合伙人机制打造平台式架构，吸纳更多的优秀人才，为企业扩张做储备。同时，借助事业合伙人机制实现利益共享与风险共担，提升企业的发展韧性，以股票制度为纽带实现管理团队与企业员工之间的利益串联，促使双方共同为彼此一致的目标努力。

（3）万科事业合伙人制度分析

首先，从运作逻辑上看，万科的事业合伙人制度通过未来市场与当前市场的股价差异实现对合伙人的激励。即当前市场价格下，制度尽可能多地帮助合伙人增加持股数量，通过新注册的壳公司收购万科股权，随着各个合伙人共同努力，公司效益不断提升，股价升高，合伙人所持有的股份相应地带来更多的收益。

这个过程自始至终仅涉及股权，即股票的价值增益，并不涉及投票权和决策权，因此所有合伙人的关注点都集中于如何提升公司的总体效益。同时，该制度实施过程中存在投资的交割周期限制，并设置了合伙收益保有杠杆，这使其更接近一个创新升级后的二级市场增持型激励计划。

其次，从效果和风险来看，一般合伙人制度中存在的股权激励基本面难以控制、对下层员工触达能力有限和不可控波动等问题通过项目跟投制度得到了有效解决，同时也为项目的实施与开展提供了更加有利的条件。

该制度一方面缓解了项目实施过程中的资金压力，对于有较高盈利价值的项目，通过员工认购股份提供资金，盈利后持股分红，实现企业与员工的双赢；另一方面实现了员工利益与项目收益的深度绑定，由于项目带来的增值利润决定着员工的分红收益，且项目盈利能够在短时间内为员工带来直接收益，只要项目完成预售即可实现利润兑换，因此能够有效提升员工的积极性，激发企业内部的工作活力。

同时，相比于以往各部门之间以单一业务指标作为标准的激励方式，由于事业合伙人制度的分红利润建立在项目整体盈利的基础上，因此员工在工作过程中能够充分关注销售额以外的产品设计、开发节奏、产品质量、客户群开拓、后期服务等方面，从而实现部门协同，带动企业整体业务能力的提升，推动企业的整体进步。

6.2.3 碧桂园合伙人制度设计与实践

2012 年，碧桂园推出"成就共享计划"，利用高额奖金和股权激励等手段激发管理团队和其他员工的工作积极性，提高资金回笼速度和项目净利润，进而达到大幅提升业绩的目的。在"成就共享计划"中，激励对象达到规定的业绩指标、资金回笼指标等各项相关指标后，可以获得相应的奖金，除此之外，部分员工还可以参与股权激励计划，购买碧桂园集团股票。不仅如此，该计划中的奖励均为增量激励，全部来源于业绩增长带来的利润，无须员工出资。

2014 年，碧桂园将"成就共享计划"升级为"同心共享计划"，鼓励员工进行项目跟投。在"同心共享计划"中，员工需要出资参与房地产开发项目，与集团共同承担风险、分享利润，同时集团也会针对员工分红设置相应的业绩要求。

（1）成就共享计划

①基本框架。碧桂园"成就共享计划"的基本框架如图6-2所示。

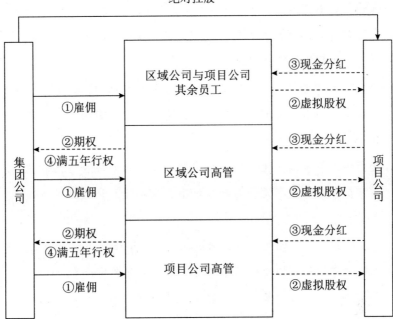

图6-2 "成就共享计划"的基本框架

从图中可以看出，"成就共享计划"的要点如下：

● 集团公司为便利某项目开展过程中的资源统筹，成立专门的项目公司，同时从区域公司以及项目公司相关人员中进行招聘，组建项目团队，非强制要求参加。

● 员工达到相应的业绩指标后，区域公司高管以及项目公司高管能够获得集团公司的股票期权，区域公司与项目公司的全体员工则能够取得项目公司的虚拟股权。

● 当项目公司盈利时，通过虚拟股权份额计算等不同的计算方式，员工能够获得项目公司的项目利润分红；当出现普通员工无条件退出的情况时，项目公司或区域公司高管应获得的现金利润按30%或50%进行无条件结算，其余部分则强制性地用于集团股份的认购。若项目公司不盈利或负盈利，高管则需要承担相应比例的项目亏损金；若在一年内无法实现盈利情况的扭转，则项目不再具备继续参加"成就共享计划"的条件。

● 高管获得的期权存在五年行权锁定期，达到五年行权锁定期后，高管即可行权获得集团公司股权。

②有利影响。"成就共享计划"对于企业发展的有利影响如下：

● 实现高管与员工之间的利益绑定，更好地以项目为导向凝聚合力，提升员工的工作积极性。

● 使得组织架构简单化，区域公司与项目公司实现垂直化管理，避免层层审批带来的流程冗余与效率低下，有利于加快项目发展速度，实现快速扩张。

● 惩罚机制具有较强约束性，通过优胜劣汰营造积极向上的工作气氛。

● 以股票期权和虚拟股权代替实股，高管享有更高的灵活性。

③不利影响。"成就共享计划"对于企业发展的不利影响如下：

● 若项目无法盈利，高管需要承担较大责任，机制的容错率较低，对于管理者来说具有一定压力，很多高管可能因此丧失放手一搏的勇气，因求稳而错失机遇，比如选择驻扎于三、四线城市。

● 如何平衡拿地成本并将其控制在合理范围之内，对集团公司而言具有一定挑战性。

● 评估指标较为单一，该模式主要聚焦于利润，可能导致员工出现急功近利的情况，追求高销售额而忽略了后期服务、品牌口碑等边缘指标，导致客户满意度较低，不利于项目的可持续发展。

● 工作节奏强度过大，容易造成工作效率下降，导致内部气氛过于紧张，并引发相关劳动纠纷。

● 期权等待期较长，存在股权被稀释的风险，同时与集团公司经营情况息息相关。

（2）同心共享计划

①基本框架。"同心共享计划"的基本框架如图6-3所示。

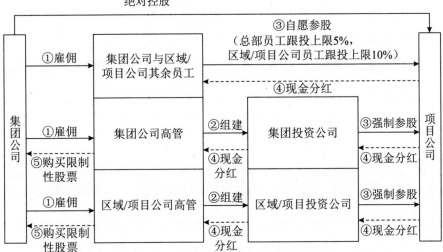

图6-3 "同心共享计划"的基本框架

从图中可以看出，"同心共享计划"的要点如下：

● 集团公司为了能够提供更好的资源条件推动项目的施行，成立项目公司，同时在集团公司与区域/项目公司相关人员中雇佣符合条件的对象，组建项目团队。

● 集团公司高管与区域/项目公司高管分别组建集团投资公司和区域/项目投资公司。

● 集团投资公司与区域/项目投资公司对项目公司的股份进行强制性跟投，集团的全体员工则根据个人意愿跟投项目公司股份（总部员工跟投最高不得超过5%，区域/项目公司员工跟投最高不得超过10%）。

● 项目公司盈利时，投资公司与相关员工均可获得现金分红。其中，高管的分红只能按照一定比例进行部分结算，剩余部分需要用于认购集团公司的限制性股票，普通员工的现金分红则无此要求，可以无条件结算退出。

②有利影响。"同心共享计划"对于企业发展的有利影响如下：

● 通过组建投资平台并将其作为直接跟投主体，能够更好地降低员工面临的风险，即使出现经营亏损，员工也无须承担主要损失。

● 以公司或企业作为平台，有利于保证经营管理的统一性，规避了人数对决策、分红等方面的干扰。

● 强制跟投能够为项目公司提供充足稳定的资金流，降低其发展过程中的资金压力。

● 高管的强制参股解决了高管和员工之间沟通效率低下的问题，有利于更好地进行内部的信息交换。

● 投资平台作为资金池，能够服务多个项目，进一步简化项目开展流程，降低项目成本。

● 在项目投资期间，不对参与者的进出进行限制，退出机制灵活。

③不利影响。"同心共享计划"对于企业发展的不利影响如下：

● 强制高管跟投一定程度上让高管面临的风险增加，可能导致劳务纠纷。

● 高管需要间接从投资平台获得分红，这一过程会产生额外成本。

● 高管购买限制性股票时需要个人直接付款，可能面临较大压力；若最终未达到行权条件参与分红，则只能得到公司返还的本金，造成利息损失。

● 若限制性股票在授予后股价下跌，能够带给员工的价值收益就很有限，无法实现预期的激励效果。

● 与"成就共享计划"一样，仍然可能存在员工过于急功近利而忽视其他边缘性指标、不利于公司长期发展、劳动强度过大可能造成劳务纠纷等弊端。

6.2.4　阿里巴巴合伙人制度设计与实践

（1）赴美上市IPO前阿里巴巴的股权结构

2014年5月，阿里巴巴集团向美国证券交易委员会提交IPO招股书，计划赴美上市。招股书披露了阿里巴巴的详细持股情况，具体股权结构如表6-7所示。

表6-7　赴美上市IPO前阿里巴巴的股权结构

股东姓名/名称	股权比例
软银	34.4%
雅虎	22.6%
马云	8.9%
蔡崇信	3.6%
其他	30.5%

以机构持股来看，日本软银集团持股 797 742 980 股，持股比例为 34.4%，为目前阿里巴巴集团的第一大股东；雅虎位居第二，持股 523 565 416 股，持股比例为 22.6%。以个人持股来看，阿里巴巴董事局主席马云持有 206 100 673 股，持股比例为 8.9%；阿里巴巴联合创始人蔡崇信持有 83 499 896 股，持股比例为 3.6%。其他股东持股比例为 30.5%。

（2）合伙人的资格要求

合伙人的主要资格要求如下：

● 合伙人在阿里巴巴的服务年限达到 5 年以上。

● 合伙人必须持有公司股票，且股票有限售要求。

● 必须有在任的合伙人作为其推荐人，向合伙人委员会进行推荐，经合伙人委员会审核后同意其参加选举。

● 一人一票基础上，若同意其加入合伙人委员会的合伙人数量达到四分之三以上，则合伙人的选举和罢免无须经过股东大会审议或通过。

● 对公司发展有突出贡献。

● 对公司文化具有高度认同感，能够同其他员工一起以公司使命、愿景和价值观的实现为目标而不断奋斗。

（3）合伙人的类别

①永久合伙人。永久合伙人意味着无特殊情况（合伙人自己选择退休、

不幸死亡或丧失行为能力、被选举除名），被选举对象可一直作为公司的合伙人并享有相关权利。永久合伙人可以通过选举确定，也可以由已经退休或在职的永久合伙人直接指定，当前阿里巴巴的永久合伙人只有马云和蔡崇信。

②普通合伙人。普通合伙人在任职条件与任职期限上与永久合伙人存在较大不同：

- 在任职条件方面，若普通合伙人脱离阿里巴巴及其关联公司，或合伙人会议关于其除名的投票通过率超过50%，则其被禁止继续担任合伙人。若合伙人正常退休，则可在之后被选为荣誉合伙人。

- 在任职期限方面，有一定的年龄限制，普通合伙人需要在60周岁时退休。

③荣誉合伙人。具有合伙人的名义，能够拿到一定比例的奖金池分红，但是无法行使合伙人的权利。

（4）合伙人的提名权和任命权

合伙人的提名权和任命权主要包括：

- 合伙人拥有提名董事的权利。

- 合伙人提名或任命的董事在董事会总人数中的占比应始终维持在50%以上，不论是何种原因导致，当合伙人提名或任命的董事数量低于50%时，合伙人均有权任命新的董事，以确保合伙人始终拥有50%以上的董事控制权。

- 若股东对选举合伙人提名的董事存在异议，或董事因故离职，则合伙人可以另外寻找新的人选，任命其为临时董事，直至下一年度股东大会召开。

（5）合伙人制度产生的有利影响

阿里巴巴合伙人制度产生的有利影响主要包括：

- 在阿里合伙人与软银、雅虎之间的投票权委托协议的指导下，合伙人取得软银（超过30%的部分）和雅虎（上限为1.2亿股）委托的投票权，最终在阿里巴巴上市前将软银和雅虎的总计投票权控制在49.9%以内，有效解决股权被稀释的问题。

● 有效防范举牌险资等"野蛮人"的入侵，鼓励阿里合伙人聚焦于业务范式不断探索创新，持续增加人力资本投资。

● 通过专业分工不断提升业务精细化程度，提升经营管理效率：在决策方面，主要由阿里合伙人进行业务模式创新等专业决策；在风险方面，由软银等股东负责防范风险，保证发展的平稳性，减少外部冲击对企业的影响。

● 延长合作期限，保障经营管理业务的稳定性与持续性，阿里合伙人制度推动了软银等主要股东之间的合约由过去的短期雇佣合约过渡到长期合伙合约。

（6）合伙人制度产生的不利影响

阿里巴巴合伙人制度产生的不利影响主要包括：

● 同股不同权的股权安排是否与我国规定的同股同权原则相互冲突、能否满足上市规范要求、能否通过监管机构审查等问题均需妥善处理。

● 合伙人个人的私德问题可能会影响企业的形象和声誉。

● 公司发布的部分股权比其他股权具有更多的表决权，在此前提下，若无特殊条款对相关事务进行专门规定，则持有特殊股权的原股东即使权利被稀释，仍然与合伙人一起享有较多的投票表决权，能够对董事会人选提名进行干预，这就导致新投资人股权与表决权出现割裂。

● 产生争议后各方难以有效达成共识，修改合伙人制度。

第 7 章

退出机制及
税务筹划

7.1 ❯ 股权激励的退出机制及设计要点

7.1.1 股权激励退出机制的必要性

良好的股权激励退出机制既有助于企业将股权留给对自身经营和发展贡献较大的员工,最大限度发挥股权的激励作用,也能够帮助企业有效规避股权纠纷,为企业上市提供强有力的保障。若实施股权激励的企业并未设置股权激励退出机制或存在机制不完善等问题,那么激励对象离职或违纪时可能会引起股权纠纷,进而影响企业上市。

具体来说,可从以下几个方面理解这种退出机制的必要性。

(1)股权激励的对价性

股权激励的对象为公司员工,激励对象通过股权激励获得股权后,得以拥有公司的所有权和管理权,由此其利益将与公司利益实现统一。同时,股权激励具有对价性,一般情况下,激励对象需要持续在公司任职,并且在业绩上符合要求,这是获得股权和收益的条件。如果激励对象没有达成股权激励的条件,那么公司理应收回激励对象已持有的激励股权,以保证股权激励计划的正常实施,而股权的收回需要用到退出机制。

(2)激励股权具有稀缺性

在企业资本化的过程中,股权架构的整体布局是一项必要举措。企业未上市之时,为了保证对企业的掌控,创始人股东应保持较高的持股比例;同时企业还要提前给外部投资人留出一部分股权,比例一般在 20% ~ 30%;剩下的 10% ~ 20% 的股权则用于股权激励,由员工持有。可见,一家企业的激励股权数量相对有限,而随着企业规模的扩大和人员的不断增加,如何分配有限的激励股权将成为一个问题，这时就需要运用退出机制将离职人员持有的激励股权收回，分配给企业的其他员工。

（3）股权激励授予的股权不是"投资股"

激励对象并不等同于真正的股权投资者，与投资股东相比，激励对象在获得股权时所付出的价格更低，作为持股者所承担的风险也更小。因此，需要针对激励对象建立退出机制，将激励对象和投资股东区分开来，使激励计划不至于偏离初衷，同时这也是对投资股东权益的保护。

（4）股权流通对于激励对象的意义

激励对象会关注激励股权的流通性，能够流通的股权对他们而言更加有利。除了离职之外，激励对象可能会出于个人原因有退出股权激励计划的意愿和需求，如果存在退出机制，他们的股权就能顺利流通。因此，退出机制能够在一定程度上消除激励对象的顾虑，使其更加安心地参与股权激励计划。当同时具备股权发放和收回环节时，股权激励计划才称得上完备。

7.1.2 股权激励退出机制的触发条件

在股权激励退出机制中，激励对象的退出主要涉及正常退出、过失退出和特殊退出三种情形。

（1）正常退出

在正常退出情形下，激励对象以和平友好的方式退出股权激励计划，且与公司之间并不存在矛盾，例如在职员工受短期资金压力影响，通过退出股权激励计划的方式获取资金。

为了便于办理股权激励退出相关手续，企业可以设置一个办理的窗口期，让想要退出的激励对象在窗口期内提交退出申请。设置窗口期既能够为企业处理激励对象的申请提供方便，也能够防止陆续出现的退出申请影响其他员工的心态。

从退出流程来看，激励对象需要向公司递交退出申请，企业在收到激励对象的申请后需要交由董事会进行批复，在确认无误后激励对象即可退出股权激励计划。除在职退出外，各类激励对象与企业及其下属单位和关联公司正常解除或终止劳动关系的情况也符合正常退出的要求，如辞职、辞退、解雇等。

（2）过失退出

在过失退出情形下，激励对象通常存在过失行为或恶意行为，导致企业强制要求激励对象退出股权激励计划。具体来说，过失退出主要包含如表 7-1 所示的几种情况。

表 7-1　过失退出包含的主要情况

情况类型	主要内容
激励对象的绩效考核结果未达标	公司实施股权激励主要是为了提高员工的工作积极性，获得更高的效益，因此通常会设置相应的绩效考核标准，衡量员工的工作绩效水平，并对未达标的员工采取相应措施，如强制员工退出股权激励计划等，以便激发员工的工作热情
激励对象严重损害公司利益	为了保障公司整体利益，公司明令禁止员工做出吃回扣、泄露公司商业机密、侵犯公司知识产权等严重损害公司利益的行为。若员工出现这类行为，公司会采取相应措施进行制止和处罚，如强制员工退出股权激励计划等
激励对象擅自处理股权	激励对象在没有经过公司执行董事或股东会批准的情况下，对自己持有的股权进行转让、质押、信托等处理
激励对象违反竞业限制	激励对象在没有经过公司执行董事或股东会批准的情况下，以自营、与他人合营、为他人经营等方式开展同类型的业务活动
激励对象违反法律法规或公司制度	国家法律法规和公司规章制度是对企业员工最根本的约束，员工违反法律法规或公司规章制度时，公司可以根据违规程度和企业内部规定采取解除劳动合同、降职处理等处罚措施

（3）特殊退出

在特殊退出情形下，激励对象和公司可能均无过失行为，但存在一些需要按照事先约定退出的特殊情况。具体来说，特殊退出主要涉及如表 7-2 所示的几种情况。

表 7-2　特殊退出包含的主要情况

序号	主要情况
1	激励对象当前不具备劳动能力或出现失踪、死亡等情况，公司可以从人力资本价值和管理的角度出发，按照事先约定安排该激励对象退出股权激励计划，也可以从人性化的角度出发，继续保留该激励对象的股份
2	激励对象已退休，公司可以选择安排其退出股权激励计划或继续保留其股份
3	激励对象被人民法院判定为无民事行为能力人或限制民事行为能力人
4	激励对象职位下降，若激励对象当前的职位不符合激励对象选择标准，公司需安排其退出股权激励计划；若激励对象当前职位所对应的股份数量低于原先职位，公司需根据实际情况做出相应调整。公司的行为遵循动态股权激励的理念，以"由公司研究决定"为表述方法，灵活调整员工股权数量
5	其他各种与激励对象和公司过失无关的特殊情况

7.1.3　员工激励股权收回的主要方式

公司应当在股权激励的协议性文件中对员工退出股权激励计划后的激励股权收回方式予以明确，以避免在退出时发生纠纷。通常，公司收回员工的激励股权主要有以下方式。

（1）直接收回

从上述关于股权激励退出机制的触发条件的阐述中可以看出，在某些情况下，公司可以立即收回员工的激励股权，无须给予任何补偿。这种收回方式适用于以期权或代持股方式实行股权激励的情形。在这种情形下，员工并没有真正地持有股权，所以当满足员工离职等股权激励退出条件时，公司可直接通过收回期权或中止代持股关系的方式完成对股权的收回。

对于公司来说，直接收回这种方式操作起来简单直接，并且只需要承担很低的风险。不过，这种收回方式只是公司的单方面行动，激励对象无从参与或干涉，也无法得到补偿，所以如果在过错退出以外的情形中使用，很容易产生纠纷。

（2）股权回购

股权回购指的是当员工退出股权激励计划时，公司从员工手中将激励股权再买回来。在股权激励的各种模式下都可以使用股权回购的股权收回方式。这种收回方式需要付出资金，因此会给公司带来一定的财务压力，但对于员工来说，股权回购能够使其获得一笔实际收益，这是其参与股权激励的回报，由此员工将更加积极地参与股权激励计划，这有助于股权激励取得更好的效果。

如果选择采用股权回购的收回方式，公司需要充足的资金储备作为支持，另外还要注意股权激励行权条件和锁定期的设置。如果行权条件过于宽松或锁定期过短，员工很轻易地便能完成套现退出，如此员工就会把套现作为参与股权激励的直接目标，这不利于达成股权激励的最初目的。

此外，激励对象可将自己持有的股权转让给他人，接受转让者可能是公司成员，也可能是外部人员。股权转让意味着股东的更换，对于具备"人合性"的有限责任公司来说，这一点尤为关键，所以需针对员工股权转让设定明确的条件，确定接受转让的第三人的合适人选。若受让人非公司员工，就需要考虑优先购买权，且第三人也须遵守员工与公司事先达成的约定。

7.1.4　股权激励退出机制的设计要点

公司在安排激励对象退出股权激励计划时，需要根据约定回购对方持有的这部分股权，若公司为非公众公司，也可以按照约定继续保留激励股权。在股权回购方面，公司通常会就回购主体、回购程序和回购价格作出相应约定。

（1）回购主体

当激励对象退出股权激励计划时，该激励对象所持有的股权可能被公司回购并注销，也可能会被某一特定主体回购，此时，这部分股权将会被公司按约定转让给这一特定主体。

若公司为公众公司，根据《上市公司股权激励管理办法》和《非上市公众公司监管指引第 6 号——股权激励和员工持股计划的监管要求（试行）》，公司只能以公司回购的方式处理未解除限售的限制性股票，因此当激励对象退出时并不能采用特定主体回购的方式来收回这部分股票。

若公司为非公众公司，特定主体回购可以不经过公司回购注销、减资公示等流程，具有程序复杂度低的优势，同时也有助于实际控制人或执行机构充分了解和掌握激励股权分配情况，因此这类公司在激励对象退出时通常采用特定主体回购的方式。

对于非公众公司的特定主体回购，这一特定主体既可以是实际控制人，也可以是由实际控制人指定的主体。从实际操作来看，若存在激励计划的约定模糊不清、回购对价较高、特定主体无回购意愿等情况，公司在推进激励股权回购工作时就需要进一步衡量该特定主体回购的必要性。

特定主体回购激励股权能够提高控制权的稳定性，但受资金等因素的影响，实际控制人可能会存在一定顾虑，此时，公司可以在激励计划中约定，在赋予该特定主体回购激励股权的权利的同时免除回购义务，提高特定主体在回购激励股权方面的自由度。

（2）回购程序的设定

在设定回购程序时，公司需要做好以下几项工作：

- 公司需要在激励计划中标明做出回购决定的主体，如董事会、股东会、回购方等。
- 公司需要在激励计划中标明通知方式（如书面通知与口头通知相结合等）、通知送达地址以及通知未送达时的处理方式。
- 公司需要在合理的时期内做出回购决定，并尽早确定各项相关权益和回购时间。
- 公司需要全方位考虑回购手续办理过程中可能出现的各种情况，在股权激励方案和股权激励协议中标明激励对象不配合办理回购手续时应承担的违约责任。

在实际操作过程中，许多企业不仅与激励对象签订激励协议，还要签订许多相关文件，如委托办理工商变更的授权书、持股平台的退伙协议等，以便有效防范违约风险，但这种方式也可能会影响员工心态。企业管理者应提高对激励对象的信任度，相信大多数激励对象都认可企业价值观且支持股权激励计划，具备契约精神。

（3）回购价格的约定

在实际回购时，回购价格通常会受到退出事件的性质的影响。具体来说，对于过错性退出事件，公司的回购价格通常与激励对象入股的成本价格相等；对于非过错性退出事件，公司的回购价格通常为激励对象入股的成本价格与利息收益之和，且利率通常不低于银行同期贷款市场报价利率。除此之外，部分公司在回购时也会参考外部投资者的回购价格。

7.1.5　股权激励退出价格的认定方法

如果要提升股权激励对员工的吸引力，股权激励计划应当允许员工在退出股权激励计划时出售激励股权，使员工获得实际收益，而收益的具体数额与股权定价有关。

就已完成上市或者在交易市场挂牌的公司而言，它们的股权是向资本市场开放的，每一个普通投资者都可以购买，市场会给出股价的具体数额。此外，公开市场所具备的流动性也为股票套现创造了条件。而非上市公司的股权并未向资本市场开放，后者也无从给出对股价的客观评价。所以，对于非上市公司而言，股权激励的退出价格是一个复杂而关键的问题，需保证员工在退出股权激励时得到合理的收益。

确定股权激励的退出价格，可采用以下方式。

（1）以公司注册资金定价

这种定价方式最为简单。公司的注册资金是公司资产和负债的总额，而员工的持股比例是基于这个总额来计算的。理论上，公司回购的股价取决于注册资金以及员工持股比例，但在实际应用的过程中，公司还需要综合衡量员工的持股数量、市场的发展条件、公司的财务状况等因素。此外，注册资本由实缴登记制改为认缴登记制后，可按公司实缴资本进行定价，这种方式更加科学。

（2）以财务报告所示公司净资产价格定价

采用该种定价方式时，具体应当参考距股权激励退出最近的一次财务报告。注册资金和实缴注册资本都不等于公司实际价值，从这个意义上说，以财务报告所示公司净资产价格定价是一种较为合理的方式。

（3）以第三方机构对公司的评估价值定价

互联网公司、科技公司等实施轻资产运营模式，此外商誉、市场份额等也并非实体资产，因此以净资产价格定价并不完全适用，需对公司价值进行全方位评估，以作为定价基础。需要考虑到的是，请第三方机构评估公司价值需要花费一定成本，因为某个员工退出而专门进行公司价值评估也并不现实。不过公司可以定期进行公司价值评估，以最近一次的评估结果作为定价基础。

（4）以公司融资估值定价

采用这种定价方式具体应参考距股权激励退出最近的一次融资估值。如果以私募股权投资、风险投资的方式进行公司投资，那么从市场角度来看，此时公司的估值具备一定的参考意义，它既是对公司现有价值的评价，也体现了对公司未来发展的预期。

实行股权激励的企业有相当一部分是互联网公司和科技公司，它们试图通过股权激励调动员工工作的积极性，并实现融资上市。因此，以融资估值为基础的定价方式对于这类公司而言是可接受的，而且公司也正是借助融资才得以拥有市场价格。

（5）以双方商定的计算方式定价

双方以商定的计算方式定价，比如用固定金额或固定计算方式定价。举例来说，就固定金额而言，公司和员工可以事先达成约定，如果员工3年内退出，退出价格为 1 万元，在此基础上每超过 1 年则上涨 1 万元；就固定计算方式而言，双方可以约定，股权的增值为同期银行贷款利息的若干倍。

下面分析上述各种方式的优缺点。以公司注册资金定价能够简化定价过程，不仅便于操作，而且透明度高，但由于注册资金是固定的，不能根据市场动态和公司经营状况进行动态调整，因此这种方式缺乏灵活性，不利于公司的长期发展；以净资产价格定价所花费的评估成本是最低的，但是对于员工而言也最不利；以融资估值定价可以使员工得到最多的利益，且几乎无须付出评估成本，不过这种定价方式涉及由公司未来预期产生的溢价，因此对创始人不利；以第三方评估价值定价有利于设置配股和退股的合理价格，但同时也需要付出最高的成本；以固定金额和固定计算方式定价，价格明确且稳定，同时可以省去评估成本，但没有充分考虑到未来发生的变化。

综上，股权激励的退出定价方式各有优劣，没有哪种方式是完美的、万能的，需根据员工、退出原因的不同选择合适的方式确定退出价格，同时也可考虑多种方式的综合运用，不必局限于一种定价方式。此外，如有必要，可在处理个例时适当增加变量和加权。

企业的股权激励方案需要与企业自身情况相适应，在股权激励方案的制定上，可以借鉴其他企业的成功经验，但是要注意结合实际而不是完全照搬。股权激励存在多种基础模式，将数种基础模式进行组合得到完整的股权激励方案，退出机制与股权激励模式之间存在对应关系，因此不同的企业拥有不同的股权激励退出机制。合理明确的股权激励退出机制有助于实现股权激励的最初目的，同时能够尽可能避免纠纷。

7.2 ⊙ 非上市公司股权激励涉税风险及防范

非上市公司实施股权激励的常见模式大致可以分为直接和间接两种。所谓直接性股权激励是指有条件或无条件地直接授予激励对象限制性股票、股票期权和股权奖励；间接性股权激励是公司通过设立员工持股平台（有限责任公司或有限合伙企业）使激励对象间接持有标的公司股权，从而分享标的公司发展利益。具体内容如表 7-3 所示。

表 7-3　非上市公司实施股权激励的常见模式

模式	内容	要点
直接性股权激励	限制性股票	企业以一定的价格将股权出售给员工，并规定只有员工的工作年限或业绩目标达到股权激励计划规定的条件后才能处置相应股权
	股票期权	企业给予激励对象在一定期限内以事先约定的价格购买本公司股票的权利。员工可根据企业的发展情况决定是否行权
	股权奖励	企业直接以公司股权无偿对员工实施奖励
间接性股权激励	标的公司股权	激励对象直接持有标的公司之外建立的有限合伙企业的份额或有限责任公司的股权，从而间接持有标的公司股权

在选择要实施的具体股权激励模式时，非上市公司往往需要根据拟激励对象的身份、公司股权架构、业务模式等进行综合考量，其中，实行具体股权激励模式后产生的税务安排也是标的公司在选择股权激励模式时需要着重考量的因素之一。

股权激励中的税收政策根据不同模式的股权激励略有不同，下面从直接和间接两大类股权激励模式出发，结合相关税收政策进行阐述。首先对直接性股权激励模式下的个人所得税进行简单分析。

7.2.1　直接性股权激励所得税政策

（1）直接性股权激励模式下的个税政策

一般情况下，激励对象取得直接性股权激励的个人所得税税收政策如下。

①限制性股票。

《国家税务总局关于股权激励有关个人所得税问题的通知》（国税函〔2009〕461 号）规定："限制性股票个人所得税纳税义务发生时间为每一批次限制性股票解禁的日期。"

具体应纳税所得额计算公式为：

应纳税所得额＝（股票登记日股票市价＋本批次解禁股票当日市价）÷2×本批次解禁股票份数－被激励对象实际支付的资金总额×（本批次解禁股票份数÷被激励对象获取的限制性股票总份数）

②股票期权。

《财政部 国家税务总局关于个人股票期权所得征收个人所得税问题的通知》（财税〔2005〕35号）第二条规定：

"（一）员工接受实施股票期权计划企业授予的股票期权时，除另有规定外，一般不作为应税所得征税。

（二）员工行权时，其从企业取得股票的实际购买价（施权价）低于购买日公平市场价（指该股票当日的收盘价，下同）的差额，是因员工在企业的表现和业绩情况而取得的与任职、受雇有关的所得，应按'工资、薪金所得'适用的规定计算缴纳个人所得税。

对因特殊情况，员工在行权日之前将股票期权转让的，以股票期权的转让净收入，作为工资薪金所得征收个人所得税。

员工行权日所在期间的工资薪金所得，应按下列公式计算工资薪金应纳税所得额：

股票期权形式的工资薪金应纳税所得额＝（行权股票的每股市场价－员工取得该股票期权支付的每股施权价）×股票数量

（三）员工将行权后的股票再转让时获得的高于购买日公平市场价的差额，是因个人在证券二级市场上转让股票等有价证券而获得的所得，应按照'财产转让所得'适用的征免规定计算缴纳个人所得税。

（四）员工因拥有股权而参与企业税后利润分配取得的所得，应按照'利息、股息、红利所得'适用的规定计算缴纳个人所得税。"

③股权奖励。

《关于将国家自主创新示范区有关税收试点政策推广到全国范围实施的通知》（财税〔2015〕116号）第四条第二款规定：

"个人获得股权奖励时，按照'工资薪金所得'项目，参照《财政部国家税务总局关于个人股票期权所得征收个人所得税问题的通知》（财税〔2005〕35号）有关规定计算确定应纳税额。股权奖励的计税价格参照获得股权时的公平市场价格确定。"

与股票期权不同，非上市公司向激励对象授予股权奖励的个人所得税纳税义务发生时间为股权奖励的授予日。

（2）激励对象的涉税原因

在实务中，很多非上市公司的激励对象不能理解自己作为激励对象为什么还要缴税。

国家税务总局于2016年10月发布的《关于印发〈股权激励和技术入股个人所得税政策口径〉的通知》（税总所便函〔2016〕149号）规定：

"与奖金、福利等现金激励类似，股权激励是企业以股权形式对员工的一种激励。企业通过低于市场价或无偿授予员工股权，对员工此前的工作业绩予以奖励，并进一步激发其工作热情，与企业共同发展。股权激励中，员工往往低价或无偿取得企业股权。对于该部分折价，实质上是企业给员工发放的非现金形式的补贴或奖金，应在员工取得时计算纳税，这也是国际上的通行做法。"

然而，"在员工取得（激励股权）时计算纳税"对于激励对象来说存在一定困难，因为激励对象在取得激励股权时没有产生现金流，因此"递延纳税"的政策应运而生。

（3）递延纳税政策

所谓"递延纳税"就是将激励对象取得激励股权进行纳税的时点后移，涉及的规定主要包括《关于将国家自主创新示范区有关税收试点政策推广到全国范围实施的通知》（财税〔2015〕116号，以下简称"116号文"）以及《关于完善股权激励和技术入股有关所得税政策的通知》（财税〔2016〕101号，以下简称"101号文"），但上述两项规定在适用范围和内容上存在一定差异，如表 7-4 所示。

表 7-4　"116 号文"与"101 号文"的适用范围和内容差异

项目	"116 号文"	"101 号文"
适用的股权激励模式	全国范围内的高新技术企业转化科技成果，给予本企业相关技术人员的股权奖励	符合条件的非上市公司股票期权、股权期权、限制性股票和股权奖励
递延纳税政策	个人一次缴纳税款有困难的，可根据实际情况自行制定分期缴税计划，个人获得股权奖励时，按"工资薪金所得"在不超过 5 个公历年度内（含）分期缴税，并将有关资料报主管税务机关备案	符合规定条件的，经向主管税务机关备案，员工在取得股权激励时可暂不纳税，递延至转让该股权时纳税；股权转让时，按照股权转让收入减除股权取得成本以及合理税费后的差额，适用"财产转让所得"项目，按照 20% 的税率计算缴纳个人所得税

简单归纳如图 7-1 所示。

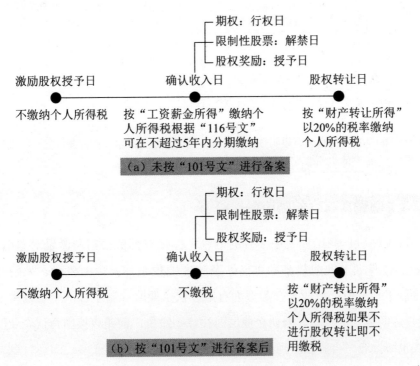

图 7-1　"116 号文"与"101 号文"的递延纳税规定

如图 7-1 所示，若能在确认收入之日不用缴纳个人所得税，无论对于企业还是激励对象来说都是极具吸引力的，但若要适用"101 号文"的规定，需要同时满足如表 7-5 所示的条件并进行备案。

表 7-5 "101 号文"的适用条件

项目	主要内容
适用范围	属于境内居民企业的股权激励计划
激励计划	股权激励计划经公司董事会、股东（大）会审议通过。未设股东（大）会的国有单位，经上级主管部门审核批准。股权激励计划应列明激励目的、对象、标的、有效期、各类价格的确定方法、激励对象获取权益的条件、程序等
激励标的	激励标的应为境内居民企业的本公司股权。股权奖励的标的可以是技术成果投资入股到其他境内居民企业所取得的股权。激励标的股票（权）包括通过增发、大股东直接让渡以及法律法规允许的其他合理方式授予激励对象的股票（权）
激励对象	激励对象应为公司董事会或股东（大）会决定的技术骨干和高级管理人员，激励对象人数累计不得超过本公司最近 6 个月在职职工平均人数的 30%
持有期限	股票（权）期权自授予日起应持有满 3 年，且自行权日起应持有满 1 年；限制性股票自授予日起应持有满 3 年，且解禁后持有满 1 年；股权奖励自获得奖励之日起应持有满 3 年
行权期限	股票（权）期权自授予日至行权日的时间不得超过 10 年
所属行业	实施股权奖励的公司及其奖励股权标的的公司所属行业均不属于《股权奖励税收优惠政策限制性行业目录》范围。公司所属行业按公司上一纳税年度主营业务收入占比最高的行业确定

7.2.2 间接性股权激励所得税政策

直接性股权激励模式中涉及的纳税主体仅有标的公司和激励对象两者，持股平台模式下的股权激励可能涉及三方纳税主体：标的公司、激励对象和持股平台。但当持股平台类型为有限合伙企业时，鉴于合伙企业在税法上"税收透明体"的特质，合伙企业层面往往不缴税，而是直接由合伙企业的合伙人也即持股平台股权激励模式下的激励对象进行缴税。

持股平台的类型分为有限责任公司和有限合伙企业。具体税务处理情况如下。

（1）有限责任公司作为持股平台

①分红。

《中华人民共和国企业所得税法》第二十六条规定：

"企业的下列收入为免税收入：

（一）国债利息收入；

（二）符合条件的居民企业之间的股息、红利等权益性投资收益；

（三）在中国境内设立机构、场所的非居民企业从居民企业取得与该机构、场所有实际联系的股息、红利等权益性投资收益；

（四）符合条件的非营利组织的收入。"

因此标的公司向境内持股平台（有限责任公司）进行分红时，该持股平台免征企业所得税。此外，《中华人民共和国个人所得税法》第三条规定：利息、股息、红利所得，财产租赁所得，财产转让所得和偶然所得，适用比例税率，税率为百分之二十。持股平台股东也即激励对象在收到来自持股平台（有限责任公司）的分红时，应按照股息红利所得以20%税率缴纳个人所得税。

②转让。《中华人民共和国企业所得税法》第六条规定："企业以货币形式和非货币形式从各种来源取得的收入，为收入总额。"因此，有限责任公司转让标的公司股权时应按照25%的税率缴纳企业所得税。有限责任公司以股息、红利方式向员工进行分配时，根据《中华人民共和国个人所得税法》第三条"利息、股息、红利所得，财产租赁所得，财产转让所得和偶然所得，适用比例税率，税率为百分之二十"，员工应按照20%税率缴纳个人所得税，因此，合计税率为45%。

（2）有限合伙企业作为持股平台

《国家税务总局关于〈关于个人独资企业和合伙企业投资者征收个人所得税的规定〉执行口径的通知》（国税函〔2001〕84号）第二条规定："个人独资企业和合伙企业对外投资分回的利息或者股息、红利，不并入企业的收入，而应单独作为投资者个人取得的利息、股息、红利所得，按'利息、股息、红利所得'应税项目计算缴纳个人所得税。以合伙企业名义对外投资分回利息或者股息、红利的，应按《通知》所附规定的第五条精神确定各个投资者的利息、股息、红利所得，分别按'利息、股息、红利所得'应税项目计算缴纳个人所得税。"

标的公司向持股平台分红时，应由激励对象按照股息红利所得以 20% 税率缴纳个人所得税，有限合伙企业层面不缴税。

《国家税务总局稽查局关于 2018 年股权转让检查工作的指导意见》（税总稽便函〔2018〕88 号）中规定："现行个人所得税法规定，合伙企业的投资者为其纳税人，合伙企业转让股票所得，应按照'先分后税'原则，按照合伙企业的全部生产经营所得和合伙协议约定的分配比例确定合伙企业投资者的应纳税所得额，比照'个体工商户生产经营所得'项目，适用 5%～35% 的超额累进税率征税。"

因此，持股平台（有限合伙企业）转让标的公司股权时，应由合伙企业的合伙人也即激励对象，按照生产经营所得以 5%～35% 的税率缴纳个人所得税，同样，有限合伙企业层面不缴税。

需要注意的是，为引进人才，不同地区对于设立有限合伙企业型员工持股平台及个人所得税的征收常常会有不同的优惠政策，因此非上市企业在设立持股平台时可以根据不同地区的税收优惠政策选择有限合伙企业的注册地。

7.2.3 企业股权激励税务合规风险

科学合理且执行有效的股权激励计划既能够激发员工的工作主动性，也能够为企业的价值创造、人才育留、组织凝聚和快速发展提供支持，但股权激励相关政策和实际操作均具有一定的复杂性，企业在落实股权激励计划的过程中可能会面临税务合规风险，进而影响激励效果。

（1）轻信所谓的"税收洼地"

近年来，我国的税收征管力度越来越大，审计署对违规返税、税收洼地等问题的关注度也不断提高。2014 年 11 月，国务院印发《关于清理规范税收等优惠政策的通知》，并全方位清理各项税收优惠政策，坚持税收法定原则，取消各地区自行制定的税收优惠政策以及各项与企业缴纳税金或非税收入相关的优惠政策。2019 年 3 月，财政部、国家税务总局和海关总署联合发布《关于深化增值税改革有关政策的公告》，并陆续公开了其他相关政策文件，提出逐步清理不当干预市场以及与税费收入相挂钩的补贴或返还政策，并设置了执行期限。2024 年 1 月，我国召开全国审计工作会议，会上，审计署指出要严肃查处"税收洼地"和违规返税等乱象。

对实施股权激励的企业来说，一方面，应提高对各类税收优惠政策的警惕性，避免参与到各类不合规的税收优惠政策当中，防止出现税务处罚等问题；另一方面，应全面学习并深入理解与各项税收优惠政策相关的法律法规，评估自身与各项政策之间的适配性，在法律允许范围内以合规的方式执行相应的税收优惠政策。

（2）个人所得税计算偏差

在企业推进股权激励计划的过程中，可能会出现各种权益分派活动，如送股、资本公积金转增股本、配股等，进而引起股票授予价格和股票解禁数量的变化。根据《中华人民共和国个人所得税法》，员工在股权激励计划中获得的股票期权受多项因素影响，如股权登记日市价、解禁日市价、解禁股票数量等，因此企业在计算员工所得股票期权的过程中需要确保这些数据口径不变。若企业权益分派的比例和频率较高，那么在员工个人所得税计算过程中极易出现计算偏差、数据口径混乱等问题，难以得出精准的个人所得税数据。

为了防止出现个人所得税计算偏差，企业需要加强内部流程控制，提高整个计算流程的规范化程度，确保所有计算数据准确无误且口径完全一致。

（3）税会差异引起的成本费用计提与扣除问题

在股权激励计划等待期内，若企业在股权支付时产生的花费在会计处理与税务处理方面存在不同，可能会引起税会差异，进而为企业的经营带来风险。根据我国财政部制定的《企业会计准则》，企业在授予员工股权时应确认所有的股份支付费用，并在等待期和约束性条件实行期间以期为单位分摊计提费用成本。不仅如此，与股权支付相关的个人所得税也属于企业实际支出的员工薪酬，需要按照实际行权量计算出相应的个人所得税，并将其纳入成本费用中进行扣除。

由此可见，企业还需进一步调整等待期的会计成本费用，在确认递延所得税之前先按照税法规定将个人所得税计入应纳税所得额当中，并在行权后针对个人所得税的实际缴纳情况进行调整。若税务机关在稽查过程中发现企业存在税金差异大的问题，企业可能会面临相应处罚。

（4）错误适用递延纳税政策

2016年9月，财政部和国家税务总局联合发布《关于完善股权激励和技术入股有关所得税政策的通知》（财税〔2016〕101号），并在该文件中指出，符合规定条件的非上市公司在实施股权激励计划时，可以通过向主管税务机关备案获取递延纳税资格，让员工可以在转让该股权时再缴纳个人所得税。

部分公司在实际操作过程中并未严格按照相关政策的要求来筛选递延纳税对象。具体来说，有些公司在持股平台合伙企业转让份额时也享受递延纳税优惠，若税务机关在稽查时发现这一问题，企业不仅会失去递延纳税优惠，还需要补缴个人所得税，甚至需要被强制缴纳一定的滞纳金。

为了规避与违规操作相关的税务风险，企业需要根据政策要求对自身进行全方位评估，判断自身是否符合政策要求，并关注政策变化，加强内控管理，在出现不符合政策条件的情形时严格要求。

（5）持股平台间接持股问题

近年来，有越来越多的非上市公司开始通过持股平台推行股权激励计划。一般来说，企业在实施股权激励计划时，要求员工先入伙持股平台，并通过该平台授予员工相应的股权或权益，让员工可以间接持股。这种间接持股的模式具有操作灵活性强、程序复杂度低等优势，但同时也存在税务处理不便的缺陷。

从企业所得税的角度来看，这种间接持股模式可能不符合税前扣除费用化的相关政策要求，企业不能在税前扣除部分相关费用，无法达到降税的目的。从个人所得税的角度来看，员工在与持股平台建立合伙关系初期的实际出资额并非个人应税所得，在持股期间的收益为生产经营所得，在转让自身所持股权时的收益为财产转让所得，因此其个人所得税主要涉及持股和股权转让两个阶段。

为了确保自身操作符合各项税收规定，企业在采用持股平台间接持股模式之前需要先制定合规的税务筹划方案，并对该方案进行评估，同时也要及时与税务部门沟通交流，提高操作流程的规范化程度。

7.2.4　企业股权激励税务风险防范

在进行股权激励时，企业要防范涉税风险就需要注意以下几点。

①学习和理解各项税收政策，充分了解相关法规精神，全方位把握各项执行要求，最大限度减少操作失误问题，并提高对各项存疑优惠政策的警惕性，加强对潜在合规风险的防范。

②确保财务会计和税务会计的衔接，充分认识税会的差异，并从实际情况出发，确保成本费用的合理性，规避由税会差异调整不当引发的各种税务风险。

③严格遵循递延纳税政策的要求，提高对政策变化情况的关注度，并根据政策要求对自身实际情况进行全方位评估，判断自身能否合法合规享受递延纳税政策，若存在不符合条件的情况，则须严格要求，防止出现违规享受税收优惠政策的情况，规避税务处罚风险。

④对具有一定复杂性的持股模式进行专业评估，制定严密的税务筹划方案，并及时与税务部门沟通交流，提高操作流程的规范性，确保各项操作均符合相关税收政策的规定，规避税收风险。

⑤建立健全内部税务风险管理机制，对关键环节操作流程进行规范和优化，制定相应的风险管理和控制措施，提高各部门之间的协同性，支持各部门在工作中互相协作，同时提高数据的准确性，选择符合自身实际情况的政策。

⑥加强税务队伍培训和管理，提高税务人员的专业素养，确保操作的合规性，在税务方面为企业经营提供强有力的支撑。

⑦与专业的税务中介机构建立合作关系，及时掌握税务政策变化并对各项相关工作进行调整，对税务管理流程进行优化，合理规避操作失误带来的风险。

综上所述，股权激励涉及多个方面的内容，且操作过程具有一定复杂度，企业在推进股权激励计划的过程中通常会面临税务风险，加强税务风险防控是股权激励的重中之重。

为了有效防范税务风险，为自身的健康发展提供充足的保障，企业需要依照相关法律法规来制定和落实激励机制，确保员工利益与自身利益相统一，合理规避税务风险和成本损失，防止税务问题影响激励效果，同时也要进一步学习和深入理解相关政策文件，加强对税务人员的专业化培训，优化完善内部控制管理，并为各方交流沟通提供方便，增强自身的税务风险管控能力。

7.3 ▸ 上市公司不同股权激励形式的计税方法

7.3.1　股票期权的个税计算方法

《国家税务总局关于我国居民企业实行股权激励计划有关企业所得税处理问题的公告》（国家税务总局公告 2012 年第 18 号）给出了股权激励的定义：股权激励是一种长期性激励，发出者为《上市公司股权激励管理办法（试行）》中规定的上市公司，激励对象为董事、监事、高级管理人员以及其他员工，激励所依据的标的为本公司的股票。

股权激励通过限制性股票、股票期权、股票增值权、股权奖励四种方式来实行，激励对象需按照"工资、薪金所得"计算个人所得税并进行税款的缴纳。

国家针对股权激励设置了一定的税收优惠，此举意在鼓励企业实行股权激励。据财政部和国家税务总局于 2023 年 8 月联合发布的《关于延续实施上市公司股权激励有关个人所得税政策的公告》（财政部 税务总局公告 2023 年第 25 号），如果股权激励符合先前通知中规定的相关条件，可以不并入当年综合所得，在计算纳税时股权激励金额将单独采用综合所得税率表。计算公式：应纳税额＝股权激励收入 × 适用税率－速算扣除数。

下面首先对股票期权收入的个税计算方法进行简单分析。

《财政部 国家税务总局关于个人股票期权所得征收个人所得税问题的通知》（财税〔2005〕35 号）给出了股票期权的定义，股票期权指："上市公司按照规定的程序授予本公司及其控股企业员工的一项权利，该权利允许被授权员工在未来时间内以某一特定价格购买本公司一定数量的股票。"股票期权形式的工资、薪金应纳税所得额则依照以下公式计算：应纳税所得额 ＝（行权股票的每股市场价－员工取得该股票期权支付的每股施权价）× 股票数量。

可参照以下范例理解该公式。

刘某是上市公司 A 的员工，在该公司工作了 5 年时间。为了使刘某能够更加积极地投入工作，为公司创造更大的价值，A 公司在 2022 年 6 月 15 日与其达成了一项协定。

根据协定内容，如果接下来的两年刘某选择留在 A 公司，那么两年之后的 2024 年 6 月 14 日为刘某的可行权日，该日刘某可以依据股票期权计划购买公司股票，价格为每股 40 元，总共可购买 15000 股。假定行权日公司股票的市场价为每股 80 元，而刘某在当年并没有通过其他途径获取到股权激励收入，那么根据上文给出的公式，此条件下刘某的应纳税所得额 ＝（80-40）× 15000=600000（元），应纳个人所得税 =600000×30%-52920=127080（元）。

7.3.2 股权奖励的个税计算方法

《关于完善股权激励和技术入股有关所得税政策的通知》（财税〔2016〕101号）给出了关于股权奖励的定义，股权奖励的内容为股权或股份，是企业免费给予激励对象的，股权奖励的应纳税所得额计算公式如下：应纳税所得额=股票（权）的数量×股权奖励日的股票（权）公开市场价格。

可参照以下范例理解该公式。

张某是上市公司D的员工，2022年6月15日，D公司决定授予张某股权奖励，奖励内容为公司股票3000股，若当日公司股价为每股120元，同时该年内张某未通过其他途径获得股权激励收入，则其应纳税所得额=3000×120=360000（元），应纳个人所得税=360000×25%-31920=58080（元）。

7.3.3 股票增值权的个税计算方法

《财政部 国家税务总局关于股票增值权所得和限制性股票所得征收个人所得税有关问题的通知》（财税〔2009〕5号）给出了关于股票增值权的定义，股票增值权是上市公司的员工从公司处获得的一项权利，在未来的一段时间内，如果符合事先给定的条件，员工可以从股票价格上升中获得收益，股票数量是事先规定好的。员工行使股票增值权时，应纳税所得额=（行权日股票价格-授权日股票价格）×行权股票份数。

可参照以下范例理解该公式。

郭某是上市公司B的员工，2022年6月15日，B公司与郭某达成了一项协定，此日为股票增值权的授权日，根据协定，如果郭某未来两年内继续在公司工作并完成了相应的考核指标，那么两年后的2024年6月14日为股票增值权的可行权日，公司根据行权日的股价相比于授权日的增幅进行折现，将其兑付给郭某，股票总数为20000股。

若授权日和行权日的股价分别为每股80元和每股120元，同时郭某在行权日所在年份未通过其他途径获得股权激励收入，则郭某的应纳税所得

额 =（120-80）×20000=800000（元），应纳个人所得税 =800000×35%-85920=194080（元）。

7.3.4　限制性股票的个税计算方法

财税〔2009〕5 号文件给出了关于限制性股票的定义，限制性股票是上市公司授予其员工的本公司股票，股票的授予依据股权激励计划中给定的条件进行。《国家税务总局关于股权激励有关个人所得税问题的通知》（国税函〔2009〕461 号）则给出了限制性股票应纳税所得额的计算公式：应纳税所得额 =（股票登记日股票市价＋本批次解禁股票当日市价）÷2×本批次解禁股票份数－被激励对象实际支付的资金总额×（本批次解禁股票份数÷被激励对象获取的限制性股票总份数）。

可参照以下范例理解该公式。

李某是上市公司 C 的员工，2022 年 6 月 15 日，C 公司与李某达成了一项协定，此日为限制性股票的登记日，根据协定，李某能够以每股 30 元的价格购买 5000 股公司股票，条件是未来两年内李某继续在公司工作并完成相应的绩效指标，两年后的 2024 年 6 月 14 日为限制性股票的解禁日，该日限制性股票将全部解禁。

若 C 公司股票在登记日和解禁日的股价分别为每股 30 元和每股 90 元，同时在解禁日所在年份李某未通过其他途径获得股权激励收入，那么李某的应纳税所得额 =（30+90）÷2×5000-30×5000×（5000÷5000）=150000（元），应纳个人所得税 =150000×20%-16920=13080（元）。

参考文献

[1] 刘俊海. 论上市公司双层股权架构的兴利除弊 [J]. 比较法研究, 2022(5):169-184.

[2] 郑志刚, 雍红艳, 黄继承. 员工持股计划的实施动机：激励还是防御 [J]. 中国工业经济, 2021(3):118-136.

[3] 李韵, 丁林峰. 员工持股计划、集体激励与企业创新 [J]. 财经研究, 2020,46(7):35-48.

[4] 周淑贞. 股权投资及退出过程中存在的风险分析 [J]. 法制博览, 2020 (16):127-128.

[5] 陈运佳, 吕长江, 黄海杰, 等. 上市公司为什么选择员工持股计划？——基于市值管理的证据 [J]. 会计研究, 2020(5):91-103.

[6] 王毓莹. 股权代持的权利架构——股权归属与处分效力的追问 [J]. 比较法研究, 2020(3):18-34.

[7] 吴志庚. 股权回购的法律问题研究 [D]. 武汉：武汉大学, 2020.

[8] 曹东坡. 当前市场化债转股股权退出面临的问题、原因及改进建议 [J]. 金融发展研究, 2020(4):38-43.

[9] 张巍. 双重股权架构的域外经验与中国应对 [J]. 财经法学, 2020(1):64-84.

[10] 孟庆斌, 李昕宇, 张鹏. 员工持股计划能够促进企业创新吗？——基于企业员工视角的经验证据 [J]. 管理世界, 2019,35(11):209-228.

[11] 郝永亮, 金昕, 张永冀. "减持迷雾"下的员工持股计划——基于股

权激励的对比分析 [J]. 管理评论 ,2019,31(10):164-177.

[12] 卫璐瑶 . 双层股权结构在中国香港的最新实践——以小米公司为例 [J]. 时代金融 ,2019(20):82，90.

[13] 俞佳佳 . 债转股股权退出的难点、实践经验及政策建议 [J]. 武汉金融 , 2019(3):79-81.

[14] 王秀芬 , 杨小幸 . 激励计划的选择 : 股权激励还是事业合伙人 ?——基于万科的案例研究 [J]. 会计之友 ,2019(3):83-89.

[15] 陈大鹏 , 施新政 , 陆瑶 , 等 . 员工持股计划与财务信息质量 [J]. 南开管理评论 ,2019,22(1):166-180.

[16] 沈红波 , 华凌昊 , 许基集 . 国有企业实施员工持股计划的经营绩效 : 激励相容还是激励不足 [J]. 管理世界 ,2018,34(11):121-133.

[17] 张华 , 胡海川 , 卢颖 . 公司治理模式重构与控制权争夺——基于万科 "控制权之争" 的案例研究 [J]. 管理评论 ,2018,30(8):276-290.

[18] 邓军 . 政策性债转股企业股权管理和退出分析 [J]. 现代经济信息 , 2018,(14):313，315.

[19] 黄运旭 . 员工持股计划对公司绩效的影响研究 [J]. 财会通讯 , 2018 (20):32-35.

[20] 田轩 , 孟清扬 . 股权激励计划能促进企业创新吗 [J]. 南开管理评论 , 2018,21(3):176-190.

[21] 巴曙松 , 巴晴 . 双重股权架构的香港实践 [J]. 中国金融 ,2018(11):76-78.

[22] 陈泽艺 , 李常青 , 黄忠煌 . 股权质押、股权激励与大股东资金占用 [J]. 南方金融 ,2018(3):23-32.

[23] 尹美群 , 盛磊 , 李文博 . 高管激励、创新投入与公司绩效——基于内生性视角的分行业实证研究 [J]. 南开管理评论 ,2018,21(1):109-117.

[24] 陈效东 . 谁才是企业创新的真正主体 : 高管人员还是核心员工 [J]. 财贸经济 ,2017,38(12):127-144.

[25] 孙即 , 张望军 , 周易 . 员工持股计划的实施动机及其效果研究 [J]. 当代财经 ,2017(9):45-58.

[26] 刘娇娆，周运兰，刘晓娆．万科控制权之争分析 [J]．财务与会计，2017(15):26-28.

[27] 王会敏．优先股股东权利保护法律制度研究 [D]．济南：山东大学，2017.

[28] 王砾，代昀昊，孔东民．激励相容：上市公司员工持股计划的公告效应 [J]．经济学动态，2017(2):37-50.

[29] 蒋运冰，苏亮瑜．员工持股计划的股东财富效应研究——基于我国上市公司员工持股计划的合约要素视角 [J]．证券市场导报，2016(11):13-22.

[30] 郑志刚，邹宇，崔丽．合伙人制度与创业团队控制权安排模式选择——基于阿里巴巴的案例研究 [J]．中国工业经济，2016(10):126-143.

[31] 宋建波，文雯，张海晴．科技创新型企业的双层股权结构研究——基于京东和阿里巴巴的案例分析 [J]．管理案例研究与评论，2016,9(4):339-350.

[32] 林蔚然．上市公司双重股权制度在资本市场的适用性探讨 [J]．汕头大学学报 (人文社会科学版),2016,32(5):48-54，95.

[33] 王春艳，林润辉，袁庆宏，等．企业控制权的获取和维持——基于创始人视角的多案例研究 [J]．中国工业经济，2016(7):144-160.

[34] 刘占辉．股权众筹的退出机制研究 [J]．法制博览，2016(17):77-79.

[35] 肖淑芳，石琦，王婷，等．上市公司股权激励方式选择偏好——基于激励对象视角的研究 [J]．会计研究，2016(6):55-62，95.

[36] 朱德胜，周晓珮．股权制衡、高管持股与企业创新效率 [J]．南开管理评论，2016,19(3):136-144.

[37] 商鹏．双重股权结构的制度价值阐释与本土化路径探讨——以阿里巴巴集团的"合伙人制度"为切入点 [J]．河北法学，2016,34(5):166-174.

[38] 张望军，孙即，万丽梅．上市公司员工持股计划的效果和问题研究 [J]．金融监管研究，2016,(3):90-103.

[39] 章卫东，罗国民，陶媛媛．上市公司员工持股计划的股东财富效应研究——来自我国证券市场的经验数据 [J]．北京工商大学学报 (社会科学版),2016,31(2):61-70.

[40] 秦芳菊．公司治理模式的再审视——以阿里巴巴合伙人制度为视角

[J]. 中国社会科学院研究生院学报 ,2016(2):73-77.

[41] 盛明泉 , 张春强 , 王烨 . 高管股权激励与资本结构动态调整 [J]. 会计研究 ,2016(2):44-50，95.

[42] 黄臻 . 双层股权结构公司的投资者保护问题研究 [D]. 上海：华东政法大学 ,2015.

[43] 陈艳艳 . 员工股权激励的实施动机与经济后果研究 [J]. 管理评论 ,2015,27(9):163-176.

[44] 金晓文 . 论双层股权结构的可行性和法律边界 [J]. 法律适用 ,2015(7):53-59.

[45] 苏坤 . 管理层股权激励、风险承担与资本配置效率 [J]. 管理科学 ,2015,28(3):14-25.

[46] 冯向前 . 创业板公司引入多重股权架构探讨 [J]. 证券市场导报 ,2014(12):46-50.

[47] 邵帅 , 周涛 , 吕长江 . 产权性质与股权激励设计动机——上海家化案例分析 [J]. 会计研究 ,2014(10):43-50，96.

[48] 高松 , 霍婷婷 . 私募股权投资基金退出策略比较研究 [J]. 价值工程 ,2014,33(28):10-13.

[49] 张诗哲 . 私募股权投资基金退出机制的法律研究 [D]. 北京：中国社会科学院研究生院 ,2014.

[50] 陈云章 . 基于公司治理理论的私募股权退出机制选择 [D]. 上海：复旦大学 ,2014.

[51] 徐倩 . 不确定性、股权激励与非效率投资 [J]. 会计研究 ,2014(3):41-48，95.

[52] 李小荣 , 张瑞君 . 股权激励影响风险承担：代理成本还是风险规避？[J]. 会计研究 ,2014(1):57-63，95.

[53] 刘道远 . 效率与公平：公司法制度设计的价值选择——以阿里巴巴合伙人结构风波为例 [J]. 中国工商管理研究 ,2013(12):35-38.

[54] 宗文龙 , 王玉涛 , 魏紫 . 股权激励能留住高管吗？——基于中国证券

市场的经验证据 [J]. 会计研究 ,2013(9):58-63，97.

[55] 苏苑秋 . 浅析我国私募股权退出机制选择与完善 [J]. 时代金融 ,
2013(23):58-59.

[56] 刘广生，马悦 . 中国上市公司实施股权激励的效果 [J]. 中国软科学 ,
2013(7):110-121.

[57] 李晓龙，赵志宇 . 私募股权退出机制的经济法视角探析 [J]. 天津法学 ,
2013,29(2):49-55.

[58] 肖星，陈婵 . 激励水平、约束机制与上市公司股权激励计划 [J]. 南开
管理评论 ,2013,16(1):24-32.

[59] 王烨，叶玲，盛明泉 . 管理层权力、机会主义动机与股权激励计划设
计 [J]. 会计研究 ,2012(10):35-41，95.

[60] 李广子，刘力 . 民营化与国有股权退出行为 [J]. 世界经济 ,2012,
35(10):113-142.

[61] 吕长江，张海平 . 股权激励计划对公司投资行为的影响 [J]. 管理世界 ,
2011(11):118-126，188.

[62] 林大庞，苏冬蔚 . 股权激励与公司业绩——基于盈余管理视角的新研
究 [J]. 金融研究 ,2011 (9):162-177.

[63] 王燕妮 . 高管激励对研发投入的影响研究——基于我国制造业上市公
司的实证检验 [J]. 科学学研究 ,2011,29(7):1071-1078.

[64] 吕长江，严明珠，郑慧莲，等 . 为什么上市公司选择股权激励计划？ [J].
会计研究 ,2011(1):68-75，96.

[65] 周仁俊，杨战兵，李礼 . 管理层激励与企业经营业绩的相关性——国
有与非国有控股上市公司的比较 [J]. 会计研究 ,2010(12):69-75.

[66] 苏冬蔚，林大庞 . 股权激励、盈余管理与公司治理 [J]. 经济研究 ,2010,
45(11):88-100.

[67] 吴育辉，吴世农 . 高管薪酬：激励还是自利？——来自中国上市公司
的证据 [J]. 会计研究 ,2010(11):40-48，96-97.

[68] 吴育辉，吴世农 . 企业高管自利行为及其影响因素研究——基于我国

上市公司股权激励草案的证据 [J]. 管理世界 ,2010(5):141-149.

[69] 吕长江 , 郑慧莲 , 严明珠 , 等 . 上市公司股权激励制度设计 : 是激励还是福利 ?[J]. 管理世界 ,2009(9):133-147，188.

[70] 唐清泉 , 徐欣 , 曹媛 . 股权激励、研发投入与企业可持续发展——来自中国上市公司的证据 [J]. 山西财经大学学报 ,2009,31(8):77-84.

[71] 方军雄 . 我国上市公司高管的薪酬存在黏性吗 ?[J]. 经济研究 , 2009, 44(3):110-124.

[72] 罗富碧 , 冉茂盛 , 杜家廷 . 高管人员股权激励与投资决策关系的实证研究 [J]. 会计研究 ,2008(8):69-76，95.

[73] 夏纪军 , 张晏 . 控制权与激励的冲突——兼对股权激励有效性的实证分析 [J]. 经济研究 ,2008(3):87-98.

[74] 顾斌 , 周立烨 . 我国上市公司股权激励实施效果的研究 [J]. 会计研究 , 2007(2):79-84，92.

[75] 李维安 , 李汉军 . 股权结构、高管持股与公司绩效——来自民营上市公司的证据 [J]. 南开管理评论 ,2006(5):4-10.

[76] 王华 , 黄之骏 . 经营者股权激励、董事会组成与企业价值——基于内生性视角的经验分析 [J]. 管理世界 ,2006(9):101-116，172.

[77] 俞鸿琳 . 国有上市公司管理者股权激励效应的实证检验 [J]. 经济科学 , 2006(1):108-116.

[78] 周建波 , 孙菊生 . 经营者股权激励的治理效应研究——来自中国上市公司的经验证据 [J]. 经济研究 ,2003(5):74-82，93.

[79] 于东智 , 谷立日 . 上市公司管理层持股的激励效用及影响因素 [J]. 经济理论与经济管理 ,2001(9):24-30.

[80] 剧锦文 . 员工持股计划与国有企业的产权改革 [J]. 管理世界，2000(6):85-92.

[81] 刘国亮 , 王加胜 . 上市公司股权结构、激励制度及绩效的实证研究 [J]. 经济理论与经济管理 ,2000(5):40-45.

[82] 李增泉 . 激励机制与企业绩效——一项基于上市公司的实证研究 [J]. 会计研究 ,2000(1):24-30.